很杂很杂的

# 杂学知识

知识松鼠 编著

古吴轩出版社

**图书在版编目（CIP）数据**

很杂很杂的杂学知识 / 知识松鼠编著. -- 苏州 :
古吴轩出版社, 2021.4
ISBN 978-7-5546-1723-6

Ⅰ. ①很… Ⅱ. ①知… Ⅲ. ①科学知识－普及读物
Ⅳ. ①Z228

中国版本图书馆CIP数据核字（2021）第038366号

**责任编辑：** 黄菲菲
**策　　划：** 周自立
**装帧设计：** 尧丽设计

**书　　名：** **很杂很杂的杂学知识**
**编 著 者：** 知识松鼠
**出版发行：** 古吴轩出版社
地址：苏州市八达街118号苏州新闻大厦30F　　邮编：215123
电话：0512-65233679　　传真：0512-65220750
**出 版 人：** 尹剑峰
**印　　刷：** 衡水泰源印刷有限公司
**开　　本：** 880×1230　1/32
**印　　张：** 6
**字　　数：** 134千字
**版　　次：** 2021年4月第1版　第1次印刷
**书　　号：** ISBN 978-7-5546-1723-6
**定　　价：** 36.00元

# 前言 Preface

人的头脑里经常会冒出一些莫名其妙的问题，搞得人心里痒痒的。没办法，人就是充满好奇心和求知欲。

无论是在生活中还是在工作中，我们总会遇到各种各样的问题。如果选择忽视这些问题，那么我们的认知就会出现很多盲区，生活就会失去很多乐趣。

比如说，你知道白色的汽车更安全吗？你知道西红柿是蔬菜还是水果吗？你知道跑步机最初是种刑具吗？你知道“穷养儿，富养女”的道理吗？你知道人的“脸皮”有多厚吗？这些问题看似稀奇古怪，可是在聊天的时候，它们往往是让人着迷的话题。如果我们能掌握这些稀奇古怪的杂学知识，那么我们就更有可能成为人们关注的焦点。

本书囊括了生活、美食、运动、文学、地理、历史、天文、动物、植物、心理等方方面面的杂学知识。其中，有些知识闻所未闻，有些知识让人忍俊不禁，有些知识富含哲理，有些知识给人带来启迪。

总之，翻开本书之后，总有一些匪夷所思的知识能够满足你的好奇心。而且，在细细品读之后，你会发现，自己变得越来越博学，慢慢成了社交圈子里的话题达人！

# 目录
# Contents

## PART 01 知识千万条，生活第一条

## PART 02 美食供给站，吃货有话说



## PART 03 燃烧吧，脂肪

## PART 05 细品文学，尝见人生百味



## PART 06 天哪，世人都害怕的数理化

## PART 11 奇妙动物夜，形形色色动物大观园



## PART 12 氧气制造机，了不起的缤纷植物

PART 01

# 知识千万条，生活第一条

## 隔夜茶一定要倒掉？

隔夜茶不能喝这个常识，很多人十分清楚。有些人甚至认为隔夜茶里有致癌物，会对身体造成很大的伤害，是完完全全的有害物。

确实，隔夜茶因久置而会产生很多氧化物及细菌，它们会对人体的肠道产生影响，引发腹泻等问题。另外，隔夜茶中的一些成分会阻碍人体对营养物质的吸收和消化，对人体产生多种不良影响。

隔夜茶虽然不能喝，但是也有一定的利用价值。比如，隔夜茶中含有的鞣酸、类黄酮类物质，具有抗辐射的作用，用隔夜茶擦拭晒伤的肌肤，有助于肌肤快速修复；隔夜茶中含有丰富的皂素、茶色素，具有一定的抗氧化等功效；隔夜茶中的茶多酚具有抗菌、消炎的作用，可以用隔夜茶来清洗红肿的眼睛。

可见，隔夜茶并不是一无是处的，尽管不能喝，但是依然具有一定的实用价值。还有一点要说明的是，这里所说的隔夜茶，并不是特指过了一夜的茶，而是泛指泡了十几个小时的茶。

## 身份证号里有秘密？

身份证是大家都很熟悉的一种证件。虽然并不是一出生就有身份证，但是很多人在出生之时，就已经有了自己的身份证号。那么，身份证号中蕴含着什么信息呢？

需要着重指出的是，身份证号并不是一组随机产生的号码，而是蕴含着身份证持有者的大量个人信息，如籍贯、出生日期、性别等。通常来说，身份证号由 18 位数字组成。第 1～6 位是地址码，第 7～14 位是出生日期码，第 15～17 位是顺序码，第 18 位是校验码。

地址码是身份证持有者户口所在县（市、旗、区）的行政区划代码；出生日期码是身份证持有者出生的年、月、日；顺序码是在同一地址码所标示的区域范围内，对同年同月同日生的人编定的顺序号，通常来说，奇数顺序码会分配给男性，偶数顺序码则会分配给女性；校验码通常是由前面的数字通过某种运算方式得出的，用来检验该组数字的正确性。

有一个比较特殊的情况是，有些人的身份证号码并不全是数字，最后一位校验码可能是“X”。这里的“X”其实是罗马数字，代表的数字是“10”。之所以如此，是因为校验码如果用“10”，那么身份证号就会变成 19 位，这违反了国家标准；而使用罗马数字“X”，就解决了这个问题。

## 白色汽车更安全？

关于汽车颜色和交通事故之间的关系，澳大利亚最大的汽车保险公司曾经做过一番研究，结果发现，撞车等交通事故的发生频率，确实与汽车颜色有着紧密的关系。

相关数据显示，黑色汽车是最容易发生交通事故的，排在黑色汽车后面的是灰色和银色汽车，然后是红色、蓝色和绿色汽车，接着是黄色汽车，排在最后的才是白色汽车。

在这份数据中，黑色汽车和白色汽车的对比十分显眼。在白天，黑色汽车发生交通事故的概率比白色汽车的高 12%；在凌晨和傍晚，这一数据会上升到 47%！

之所以有如此大的差距，主要是因为颜色具有胀缩性。白、黄、红等亮色是膨胀色，黑、灰、银等暗色则是收缩色。膨胀色会让人觉得汽车的尺寸比实际尺寸要大，收缩色则会让人觉得汽车的尺寸比实际尺寸要小。

这种视觉上的误差，会对人们的驾驶行为产生一定的影响。人们看到膨胀色的汽车时，会不自觉地与它保持更大的距离；而看到收缩色的汽车时，则会不经意间缩小安全距离。在光线不足或天气状况不好的情况下，这种细微的距离差，往往就会引发一场事故。这就是白色汽车更安全的原因所在。

## 咬铅笔会导致铅中毒？

在生活中，很多孩子喜欢咬铅笔头。对于这种不良的习惯，一些家长非常担心，很害怕孩子会因此发生铅中毒，于是极力让孩子改正。

咬铅笔头确实不好，但是将其与铅中毒联系起来，那就是一种误解了。虽然有个“铅”字，可是铅笔并不含铅。制作铅笔芯的原料，是石墨和黏土。之所以有“铅笔”这个名字，是因为石墨最早被发现的时候，被称作“黑铅”。

“黑铅”这一称谓的由来，要追溯到 16 世纪中叶。在发现石墨之前，英格兰人大多将铅条当作书写工具。后来，人们发现石墨也能在纸上留下痕迹，而且其颜色比铅的颜色更黑。于是，人们便把石墨称作“黑铅”。

在这之后，英格兰人便不再用铅条写字，而是将石墨切成小条，用来写字和画画。这就是铅笔的雏形。

在之后的一段时间里，人们不断进行改进，最终才制作出我们现在经常使用的铅笔。之所以将它命名为“铅笔”，是因为沿用了石墨最初的称谓“黑铅”，而不是因为铅笔中含铅。

## 懒是一种病？

天一黑就想倒头睡觉，天大亮了还不想从床上起来，中午饭没吃几口就想睡午觉……一些有类似情况的人，往往会被人以懒戏称。

实际上，这些人或许并不是真的懒惰，而是患上了一种病。他们回家就想睡觉，稍微动一动就觉得浑身乏力、精神颓废，并不是因为真的不思进取，而是因为气虚体质的影响，才对什么都提不起精神。可以说，他们的“懒”都是气虚惹的祸。

一个正常、健康的人，通常气血旺盛，气血所经的部位都畅通无阻，身体的运转状况良好，所以做事情的时候精神抖擞，晚上也有良好的睡眠。而气虚的人呢，因为体内的阴阳平衡被打乱，身体各项机能处于紊乱状态，所以才会在该睡觉的时候睡不香，该清醒的时候又混混沌沌。

气虚大多是后天劳累过度、营养不良、生活习惯不佳造成的，气虚之人需要在平时注意保养，让身体有充分的休息和调整时间。

气虚的状况越严重，体内气血越无法顺畅流通，因而越容易困倦、乏力。因困乏而睡觉的时候，气血运行变慢，反过来会加重困乏的感受，这就是许多人越睡越困、越睡越累的原因。

因此，如果发现自己怎么睡都觉得很累，很长一段时间都倍感疲乏时，千万不要简单地认为自己是变懒了。你也许是得病了，应该及时到医院就医。

## 羊毛衫缩水难复原？

羊毛衫用水一洗就会缩水，相信是很多人都曾经历过的事情。一些缩水严重的羊毛衫，甚至洗一次就无法再穿了。那么，羊毛衫为什么会缩水？能不能买到不缩水的羊毛衫呢？

羊毛衫缩水，与羊毛本身的特质有很紧密的关系。羊毛的最外层是像鱼鳞一样的毛鳞片，当它们顺着一个方向倒下时，羊毛摸起来会非常顺滑，这也是羊毛衫给人丝滑感受的原因。可是，当洗涤羊毛衫的时候，一旦毛鳞片不再顺着同一个方向，它们就会变得像倒刺一样，纠缠在一起。当这种情况发生的时候，越是用力拉扯，毛鳞片之间的勾连就越牢固。由于羊毛纤维之间的空间变得越来越小，所以羊毛衫就缩水了。

也就是说，羊毛衫缩水是受羊毛的构造影响的。在日常洗涤中，最好不要选择水洗的方式，因为无论是机洗还是手洗，都难免出现搅动或揉搓的情况，一旦毛鳞片逆向勾连，羊毛衫就会缩水，而且摸起来不再那么顺滑。

一般情况下，将羊毛衫送去干洗，会是比较好的选择。只要能够让毛鳞片始终顺着一个方向，就不用担心羊毛衫出现缩水的情况。当然，市场上也有一些羊毛衫是经过防缩加工处理的，对于这类羊毛衫，无论何种洗涤方式都是可以采用的，通常不会出现缩水的情况。

## 录音带里的声音不是自己的？

在生活中，相信很多人都有过这样的经历：当听到别人给自己录的说话的声音，或是把自己唱歌的录音放出来听的时候，总觉得录音里的声音和自己说话的声音差别很大，似乎录音里说话的那个人不是自己。

这种感觉并不是错觉，因为两者之间确实存在不同。实际上，这是声音的传递方法有所不同，结果造成了听觉差。

通常来说，录在录音带里的声音，只是空气振动的声音而已，是经由空气的振动传到耳朵里的；而当我们听自己说话的声音时，听到的声音则是经由空气和头骨的振动后传到耳朵里的。

两种不同的声音传递方法带来的结果，就是我们听到的自己说话的声音会比录音带里的声音要更响亮一些。这就是听自己的声音和听录音会产生不同感觉的原因所在。

但是，我们听到的录音带里的自己的声音，和别人听到的我们的声音，那是一样的。因为别人听到的我们的声音，也是由空气的振动而产生的声音。其原理与我们听录音带里的声音是一样的。

## 黑头发为什么能染成红色？

走在大街上，我们常常可以看到染着色彩各异的头发的行人。

红色、绿色、黄色、蓝色等颜色的头发，成为人们打造个人形象和追逐潮流的重要表现。

染发的过程其实相对简单，很多人甚至可以买来染发剂自己染发。想要让头发变成什么颜色，就买什么颜色的染发剂，轻轻松松就可以改变自己的形象。

我们以红色染发剂为例子，来看一下头发染色的过程。

按照一般的认知，黑色是最难覆盖的颜色。头发明明是黑色的，应该能覆盖其他颜色才对，可是为什么红色的染发剂能让头发变红呢?

这就要从头发的构造开始说起了。我们的头发表面，其实像鱼身上的鳞片一样，当我们将红色染发剂涂抹到头发上之后，其中含有的化学成分会让头发表面的鳞片膨胀起来，使得鳞片之间出现空隙。这样一来，过氧化物和红色染料就能通过这些空隙进到头发里面。

接着，过氧化物会将头发里的黑色素去掉，在这种情况下，红色染料就能轻而易举地附着在头发上，取代黑色素原本的位置。整个过程结束之后，黑头发就变成红头发了。

从中不难看出，染发的过程其实就是用染发剂中的染料替代头发中的黑色素的过程。

但是，有一点要注意，那就是长期使用染发剂会对身体造成一定的负面影响。已经有实验证明，长期使用染发剂会引起人体皮肤过敏。如果身上有外伤或是患有皮肤病，那么染发剂中的有害化学物质就会进入人体之中，长期染发的话就可能导致慢性中毒。

## 看字越久越陌生？

读书或写字的时候，很多人都经历过这样的情况：盯着一个字看上十几秒钟，却突然觉得这个字非常陌生，越看越不像自己认识的那个字，甚至越来越怀疑自己看错或写错了。

遇到这种情况的时候，很多人会觉得很迷惑，有些人甚至怀疑自己可能患上了失读症。实际上，这种情况十分普遍，完全没有必要担心自己患病了。

其中蕴含的道理其实非常简单。

从字本身来说，它是没有什么意义的，我们能认识某一个字，是因为我们通过后天的学习，把与这个字相关的意义储存在我们的大脑中了。当我们看到这个字时，大脑首先反射出与它相关联的意义，进而对这个字产生“认识”的感觉。

可是，如果我们长时间地盯着这个字看，那么大脑的关注点就会变成这个字本身，而非这个字蕴含的意义。此时，字和意义之间的联结出现问题，我们的大脑难免会对字产生陌生感。

这样一来，我们就会越看越觉得不像这个字，越看越觉得不认识这个字。

## 双黄蛋能孵出两只小鸡？

相信很多人都见过长着两个蛋黄的鸡蛋，也就是人们常说的双黄蛋。

有些人或许会有疑惑：双黄蛋是不是跟人类的双胞胎相似，两个蛋黄就能孵出两只小鸡?

表面看来，这种说法似乎有一定的道理。可是从实际情况来看，即便鸡蛋里有两个蛋黄，也基本没有孵出两只小鸡的可能。

因为在鸡蛋中，能够形成小鸡的并不是蛋黄，而是蛋黄里的那个白色小点，也就是胚胎。而蛋黄和蛋白，所起到的作用仅仅是为胚胎发育提供所需的营养而已。也就是说，鸡蛋中蛋黄的数量与能孵化出来的小鸡数量根本没有任何关系。

而且，即便两个蛋黄里真的各有一个胚胎，那也不太可能孵化出双胞胎小鸡。因为蛋壳内的空间有限，如果两只小鸡挤在一个鸡蛋里面，随着它们的个头逐渐变大，蛋壳内很可能会出现氧气不足的情况，这会让两只小鸡都难以存活下去。

因此，双黄蛋孵出两只小鸡的情况，基本不会出现。不仅小鸡如此，鸭子、鹅，爬虫类和昆虫类等卵生动物，也基本不可能孵化出双胞胎。

## 冷水、热水哪个灭火效果更好?

无论是在电影、电视剧中，还是在实际生活中，我们都可能见到过消防战士灭火的场景。

毋庸置疑，火灾是可怕的，无情的大火会吞噬人们的生命和财产，给人们留下沉痛的回忆。

在家庭生活中，突然发生的火灾往往让很多人手足无措，人们在灭火时常常手忙脚乱，不知所措。

所以说，我们很有必要掌握一些关于灭火的基础知识。比如说，在灭火的时候，是用冷水的效果好，还是用热水的效果好呢？

从灭火实践来说，用热水灭火的效果，通常比用冷水灭火的效果要好一些。

这是因为，当热水浇在燃烧物上时，不但可以起到冷却的作用，还能在燃烧物周围形成一团团蒸汽，这些蒸汽可以有效隔断燃烧物与空气的接触。没有了氧气的参与，火势很快就会得到有效的控制。

## 多吃酱油皮肤会变黑？

现代人越来越关注自己的形象，对外表的要求也越来越高。很多人以白为美，为了避免变黑，甚至连酱油都不敢吃。

他们觉得，酱油吃多了会造成色素沉着，皮肤就会变黑。事实真的如此吗？

酱油是用黄豆、麦子、麸皮等酿造而成的，呈红褐色，有独特的酱香味，是中式菜肴中的一种传统调味品。一般来说，我们的祖先一千多年前就已经懂得酿造和食用酱油了。从遗传的角度来说，如果吃酱油真的会让皮肤变黑，那我们的肤色应该会变得很黑，而不是如今这种颜色。

有些皮肤科专家认为，一些人之所以认为多吃酱油皮肤会变黑，或许是因为潜意识中存在的“吃啥补啥”的传统观念。在实践中，并没有什么证据或是研究结果能够证明肤色的深浅和吃酱油的多少存在必然的联系。

实际上，真正与肤色变黑有关系的因素，包括黑色素的面积大小和分布位置、紫外线的照射强度、血液循环的速率、某些极易感光的物质、某些疾病等。在这些因素的综合作用下，我们的肤色才会发生变化。所以皮肤会不会变黑跟酱油摄入的多少并没有直接关系。

## 渴了才需要喝水？

水是生命之源，任何生命都需要水的滋润。如果地球上没有了水，那么地球上的生物也将不复存在。这不是危言耸听，而是实实在在的情况。

那么，人应该如何补充足够的水分？最简单的办法当然就是喝水了。可是，究竟应该怎样喝水？是不是只有渴的时候才需要喝水？

在现实生活中，确实有很多人只在感觉口渴的时候才喝水，或者是每次喝水都是抿一小口而已。其实，这两种做法都是错误的。

通常来说，当人体失水量达到体重的 2% 左右时，人才会有口渴的感觉。也就是说，当我们感到口渴的时候，身体其实已经处于轻度缺水的状态了。

因此，是否口渴并不是衡量是否应该喝水的标准。想让身体保持良好的状态，应该有规律地补充水分。每隔一段时间就主动喝水，即便不渴也要喝一些，这样才能持续地、稳定地为身体提供所需的水分。

而且，每次喝水也不是只要小抿一两口就行，而是应该将饮水量控制在 200～250 毫升，这样才能起到应有的补充水分的作用。

每个人的身体状况不同，所需的水量也就有所不同。我们可以根据自身的情况，确定每天所需的水量，然后有规律、有限度地补充水分，这才是最有利于健康的做法。

PART 02

# 美食供给站，吃货有话说

## 奶酪和牛奶的区别是什么？

在超市里，我们能看到各种各样的奶酪。很多厂商给奶酪做的宣传是，奶酪营养丰富，补钙效果好。

那么，奶酪和牛奶有什么区别？谁的营养成分含量更高？

实际上，奶酪是牛奶中精华的浓缩，是牛奶经发酵凝结后提炼而来的。一般来说，提炼 1 千克奶酪需要用到 10 千克牛奶。

由此不难看出，奶酪的营养成分含量显然比牛奶的更高。比如，奶酪的蛋白质含量是鲜奶的 8.5 倍，钙含量是鲜奶的 3.6 倍。而且，奶酪的乳糖含量很低，非常适合患有乳糖不耐受症的人食用。

另外，科学家的实验已经证明，奶酪不仅有助于减肥，还具有一定的保健功效。

## 肉类焯水是冷水入锅还是热水入锅？

对于喜爱美食的人来说，烹饪是一种美好的享受。

在做饭的时候，很多人会面临一些困惑。比如，在给肉类焯水的时候，应该是冷水入锅还是热水入锅？

其实，不妨将两种方法都尝试一下，自然就能得到答案了。

用冷水焯出来的牛肉，做熟之后通常感觉不到很重的腥味，口感不错；用热水焯出来的牛肉，做熟之后则会觉得腥味很重，吃起来也很难咬动。

为什么会有这种差别呢？

牛肉放入冷水中焯的时候，水温是逐渐升高的，在这个过程中，牛肉中的血水和脏东西会一点点被煮出来，牛肉的口感自然会好一些；牛肉放入热水中焯的时候，外层的牛肉一下就被煮紧实了，牛肉中的血水和脏东西煮不出来，所以口感就会差一些。

## 喝骨头汤真能补钙?

人们常说吃什么补什么，失血要吃猪血、鸭血，肾亏要吃猪腰子、羊腰子，缺钙要吃脆骨、喝骨头汤。

虽然不知道这样的说法源自何处，但是它们十分受认可，而且很多人笃信不已。可是，事实真的如人们期待的那样吗？喝骨头汤真的能补钙吗？

骨头中确实含有丰富的钙，可是由于其结构稳定，所以钙元素通常很难溶解到汤里。也就是说，无论骨头汤熬多久，汤中的含钙量都是非常有限的。即便放点醋可以提高钙的溶解度，骨头汤的含钙量也依然十分有限。

经过测定，一碗 1000 毫升的骨头汤里，钙的含量仅有 2 毫克左右。而按照相关标准，一个成年人每天所需的钙量为 1000 毫克。也就是说，如果仅仅靠喝骨头汤来补充人体一天所需的钙质，那么至少需要喝下 500 碗 1000 毫升一碗的骨头汤。对于正常人来说，这显然是无法做到的。

而且，人体对钙质的吸收需要维生素 D 的参与，可是骨头汤中维生素 D 的含量有限，所以喝骨头汤补钙的可能性更是微乎其微。

另外，骨头汤中往往含有大量的脂肪，喝下大量的骨头汤，不仅无法补钙，还会导致发胖。所以，当身体缺钙的时候，补充奶制品和豆制品，往往比喝骨头汤更加有效和健康。

## “陈麻婆豆腐”就是麻婆豆腐？

清朝末年，在成都万福桥边有一家名为“陈兴盛饭铺”的小饭馆。老板娘的脸上有星星点点的麻子，人们都叫她“陈麻婆”。

那时，万福桥附近经常有码头工人、脚夫之类的苦力，他们常常到“陈麻婆”的饭馆吃饭。一天，“陈麻婆”家生意不错，店里的食材都已经卖得差不多了。正准备打烊的时候，又来了一群人，让“陈麻婆”给他们做点下饭的菜。“陈麻婆”四下看了一眼，发现店里还剩下一些豆腐和牛肉末。于是，她把豆瓣剁碎，又加上点豆豉，在锅里炒香；然后加上汤，再把豆腐块放入锅里；之后又加入调料和牛肉末，在将豆腐煮熟之后，勾芡收汁；豆腐出锅之后，又在上面撒了一些花椒面、辣椒面。

豆腐上桌之后，这群人狼吞虎咽地吃起来，每个人都吃了好几碗饭。他们一个个额头冒汗，吃得畅快满足。在这之后，他们就常常来让“陈麻婆”给他们做豆腐吃。后来，这道豆腐在苦力中口口相传，大家都知道“陈麻婆”做的豆腐既下饭又便宜了。

结果，“陈麻婆”做的豆腐成了“陈兴盛饭铺”的招牌菜，人们给这道菜起了个名字叫“陈麻婆豆腐”。后来，也许是因为人们觉得麻烦，这道菜的名字变成了“麻婆豆腐”。

## 椰果是用椰子肉做的吗？

在很多奶茶店中，椰果奶茶都是很受欢迎的一种饮料。吃着嚼劲十足的椰果，食客们在享受美食的同时，心中也难免产生一个疑问：椰果是用椰子肉做的吗？

如果你头脑中的答案是肯定的，那你就错了。

椰果又被称作椰子凝胶，它的制作原料是椰子水。在制作的过程中，要在椰子水中加入一定比例的白糖、醋酸等辅料，再经过蒸煮、杀菌处理之后，就可以将制作出的液态椰果装盘冷却；待冷却之后，还要经过生物发酵、清洗、成型、挑选等步骤，之后美味可口的椰果才会呈现在我们面前。

通常来说，优质的椰果应该呈白色或乳白色，通体洁净，没有杂质。

椰果含有丰富的优质纤维素，能够促进肠胃蠕动，有助于人体消化能力的提升。

## 螃蟹为什么煮一下就变红了？

去水产市场买东西的时候不难发现，鲜活螃蟹大多是灰青色或青绿色的。可是拿回家上锅一蒸或是下水一煮，螃蟹的颜色就变成了红色。

这是为什么呢？原来，这种变化与螃蟹身上的色素细胞有着紧密的联系。

螃蟹是甲壳类动物，在它的真皮层中，散布着色素细胞。在诸多的色素细胞中，以含有虾红素的细胞居多。

虾红素的颜色本来是橙红色的，可是与不同的蛋白质结合之后，它就呈现出灰青或青绿色。加热之后，蛋白质受到破坏，于是虾红素与蛋白质分离。而且，其他颜色的色素在遇到高温之后基本都被分解掉了，而虾红素则非常稳定，并不会受到高温的影响。

所以，在将螃蟹蒸或煮过之后；螃蟹就会呈现出虾红素本来的颜色。这就是螃蟹煮后变红的原因。

还有一点要说的是，虾红素并不是均匀地分布在螃蟹身上的，比如在螃蟹的腹部分布得就比较少，这也是螃蟹背部变红，腹部却没有明显变化的原因。

## 重庆鸡公煲是重庆当地的美食吗？

在看到“重庆鸡公煲”这个名字时，相信很多人都会误认为这是一种在重庆十分有名的美食。

实际上，“重庆鸡公煲”中的“重庆”，并不是指地名，而是指人名。一种比较流行的说法是，重庆鸡公煲的创始人是一个叫张重庆的人。

眼下，重庆鸡公煲在全国各地有数千家分店，遍布湖南、湖北、广东等地。它的第一家店诞生在上海。

当初，张重庆到上海打工，与别人合开面包房，但因为经营不善而欠下不少债务。一个偶然的机会，他发现住处附近的一家卖鸡公煲的店生意不错，每天都有不少客人。于是，他向那家店的老板提出了加盟的请求。可是那个老板拒绝了他。

在不得已的情况下，张重庆花重金将那家店的一个厨师请了过来。就这样，张重庆得到了鸡公煲的酱料配方。

张重庆找了一个门店，开起了自己的鸡公煲店。他不仅在店铺的标识、装修风格方面突出自己的特点，在配方上也做了改进。就这样，重庆鸡公煲迅速打开了市场，“重庆鸡公煲”这个名号也一炮而红。

如果从鸡公煲的做法和口味上来追溯，其实它与重庆也有一定的关系，因为它是重庆烧鸡公和重庆干锅鸡的变种菜品。但是，它是这两道菜在重庆之外的地方完成的融合，所以这道菜并不算是重庆当地的美食。

## 为什么油条都是两根面一起炸的？

经常在早点摊吃早餐的人都知道，油条大都是两根面粘在一起下锅的。为什么要这样做呢？

原来，早点摊的油锅里，油温通常都很高，如果只是一根面下锅，油条很容易立刻定型，无法继续膨胀，导致口感发硬，不好吃。而两根面粘在一起的话，中间粘连的部分就不会那么快定型，面就有机会继续膨胀变大，吃起来会感觉更加蓬松一些。

也就是说，将两根面粘在一起下锅，会让油条看起来更加饱满，吃起来口感也更好一些。当然，如果炸油条用的油温度没有那么高，每次炸一根也是完全可以的。只是卖早点的摊主需要加快速度，所以他们往往会将两根面一起炸。

## 盐水泡菠萝，味道会更好？

很多人喜欢吃菠萝，而且在吃菠萝之前，通常要把菠萝放在盐水里泡一泡，因为泡过之后菠萝的味道会更好。相信很多吃过的人都有相同的体会，但是其中的缘由却很少有人能够说清。

那么，是什么原因使得经过盐水浸泡的菠萝更加可口，味道更甜美呢？

原来，菠萝中不仅富含维生素和糖分，还含有大量的有机酸（如苹果酸、柠檬酸等）和菠萝蛋白酶。这种酶能够水解蛋白质，但是对口腔黏膜和嘴唇的细嫩表皮会产生一定的刺激作用。而盐恰恰可以抑制这种酶的活性，从而降低这种酶的刺激性。这样一来，口腔和嘴唇的舒适度就有所提升，吃菠萝的口感自然就好了许多。

这就是菠萝经盐水泡过之后变得更加可口的原因所在。今后再吃菠萝的时候，一定要记得用盐水泡一下！这样不仅能够享受到香甜的美味，也能有效保护自己的口腔，真正做到健康地享用美食。

## 橘子不剥，就知道有多少瓣？

橘子营养丰富，是补充维生素的优质水果。加上它不用洗也不用切，轻轻松松就能剥开来吃，真可谓省心省力，所以很多人都将它视作水果中的佳品和优选。

橘子味美，很多人剥开之后根本没有时间观察它有多少瓣，就已经将橘子全部填进了肚子里。但是，还真的有这样一个小秘诀，可以让我们不剥开橘子，就能知道一个橘子有多少瓣。

弄清橘子瓣数的关键，在于橘子蒂上。拿到橘子之后，可以轻轻把蒂拔下来（注意不要撕破橘子皮），然后我们就能看到一个小小的圆坑。仔细观察就可以发现，这个坑里有一圈小小的白点。数数这些白点的数量，就能知道橘子的瓣数了，因为它们的数值是一样的。

为什么是这样的呢？据说这些小白点是为橘子瓣输送养料的通道，自然是有一个通道就有一个橘子瓣了。

## “蟹中之王”竟然不是螃蟹？

帝王蟹含有丰富的蛋白质、微量元素等营养成分，是大家公认的“蟹中之王”。

一般来说，帝王蟹指的是堪察加拟石蟹，它们属十足目歪尾亚目石蟹科，通常生活在深海中，生存深度甚至能够达到 850 米。

很多人以为，它们是螃蟹中的精品。可是，如果从种类上说，它们并不是真正的螃蟹。帝王蟹只是长得像螃蟹，但是本质上与螃蟹还是有一定的差异的。

真正的螃蟹有四对足和一对蟹钳，足关节的连接处是往前屈的；帝王蟹则只有三对足加上一对蟹钳，它们的足是向后弯的。

真正的螃蟹行动速度很快，帝王蟹行动起来则是慢慢悠悠的。

## 豆子吃多了爱放屁？

人们常说，豆子吃多了爱放屁。这是人们在生活中总结出的经验，事实也的确如此。

但是，如果讲到其中蕴含的科学道理，相信很多人并没有办法给出合理的解答。

实际上，这是因为豆子中含有多种类型的糖，其中有一种糖叫作低聚糖，它的稳定性很强，不会被人的胃酸破坏，也不会被人体吸收。当低聚糖来到大肠时，生活在大肠中的嗜糖的微生物会对它分外热情。微生物们一拥而上，很快就能将低聚糖分解，使其发酵，生成氢气和二氧化碳。这些气体积聚在肠道中终究不是办法，所以它们会自己寻找“出路”，一旦从肛门处“逃”出来，就成了屁。

豆子吃得越多，人的肠道中积聚的低聚糖就越多，在微生物的“热情招待”下，生成的气体也就越多，这就导致人放的屁也会越多。

## 西红柿是蔬菜还是水果？

在一些人看来，西红柿可以用来炒菜，所以应该是蔬菜；另一些人则认为，西红柿可以生吃，所以应该是水果。关于西红柿是蔬菜还是水果的讨论，一直都是一个比较有趣的话题。

《现代汉语词典》中对水果的定义是“可以吃的含水分较多的植物果实的统称，如梨、桃、苹果等”，对蔬菜的定义则是“可以做菜吃的草本植物，如白菜、菜花、萝卜、黄瓜、洋葱、扁豆等。也包括一些木本植物的嫩茎、嫩叶和菌类，如香椿、蘑菇等”。用这两条定义划分西红柿的属性，确实不容易做出判断。

对于西红柿的定义，很多人的看法不一致，主要也是因为蔬菜和水果的分类标准并没有清晰的表述，所以很多人便选择依据个人习惯而定。通常来说，可以生吃、多肉多汁、含有植物种子的果实，就被认为是水果；可以用来烹饪做菜的，则被看作蔬菜。如果按照这种习惯来分类，西红柿还真是没法分类。这也导致人们对西红柿的看法并不统一。

如果依照《现代汉语词典》的表述，西红柿即番茄的定义是“一年生草本植物，全株有软毛，花黄色。结浆果，球形或扁圆形，红或黄色，是常见蔬菜”。由此可见，西红柿是一种蔬菜。

或许有人会产生疑问：“那圣女果是蔬菜还是水果？”这里要说明一下，圣女果的学名叫樱桃番茄，从本质上说，它依然是番茄，也就是西红柿，所以它依然是蔬菜。虽然名字中带着“果”字，但不意味着它就是水果。

## 炭烤羊肉串为什么比电烤羊肉串香？

如今，为了保护环境，减少空气污染，很多城市禁止用炭，所以大部分烧烤店都改用电炉来烤制羊肉串。

但是，从味觉感受上来说，电烤羊肉串的味道完全无法跟炭烤羊肉串的相比。这究竟是什么原因呢？

为了研究其中的奥秘，一所大学的食物学研究所曾经做过相关的实验。研究人员用煤气焰火和炭火两种加热方式，以相同的火力、时间来烤制品质和大小完全相同的两块肉。结果发现，用炭火烤出来的肉更加美味。

研究人员经过深入研究之后发现，用煤气焰火烤肉的过程中，当肉的表面温度达到 85℃时，内部的温度只有 35℃；而用炭火烤肉的过程中，当肉的表面温度达到 85℃时，内部的温度则会达到 55℃。

出现这种情况，与煤气焰火和炭火所发出的红外线强度有关。炭火发出的红外线强度更高，可以更轻松地穿透厚厚的肉，肉也就更容易被烤透。

也就是说，用炭火烤肉，里面熟得更快，可以更好地保存肉内的水分，因此烤肉吃起来口感更鲜嫩、更美味。这就是炭烤羊肉串比电烤羊肉串更香的原因所在。

PART 03

# 燃烧吧，脂肪

## "帽子戏法"从何而来？

喜欢看足球比赛的人，应该都知道"帽子戏法"这个说法。当一名球员一场比赛为自己的球队踢进3个球的时候，他就上演了"帽子戏法"。而且，在比赛结束之后，这名球员可以将比赛用球拿走留作纪念。

那么，"帽子戏法"这种说法是从何而来的呢？

一种说法是，"帽子戏法"起源于英国19世纪的板球比赛。如果一场比赛一名板球运动员能连续用3个球得分，那么他就会被奖励一顶帽子。

还有一种说法是，如果一场比赛一名板球运动员能连续3次击落三柱门的横木或是将三柱门从场地中拔起，那么他就会被奖励一顶帽子。

无论哪一种说法为真，我们都能看出，"帽子戏法"这种说法和帽子确实有直接的联系，是为了显示运动员的高超技巧。

## 网球比赛的记分方式为什么是"15—30—40"？

在观看网球比赛的时候，很多人会惊讶地发现，网球比赛的记分方法十分独特，跟其他球类运动的有很大的差别。

为什么网球比赛的记分方式是"15—30—40"呢？

据说，网球运动的起源是传教士在回廊里击球的一种游戏，后来其又变成了宫廷游戏。当时，人们是用能够拨动的时钟来记分的：得1分，就将时钟转动一刻钟；得2分，就将时钟再转动一刻钟。这就是“15—30”的由来了。

至于“40”的由来，就要复杂许多了。英语中的“15”和“30”都是双音节词，可是“45”却是个三音节词。当时的英国人或许是因为觉得这么念着很别扭，所以干脆把它改成了“40”。这样，几个分数就都是双音节词了。

“15—30—40”中的“40”略显怪异的原因，大概就是这样了。

## 什么运动减脂效果好？

随着生活水平的不断提高，越来越多的人变得肥胖起来。为了摆脱身上的脂肪，很多人选择做各种运动减肥。

那么，什么运动可以最有效地减掉脂肪呢？答案是有氧运动。

所谓有氧运动，就是指人体在氧气充分供应的情况下进行的运动。这种类型的运动，运动强度低，持续时间长，通过持续性的或重复性的运动，在一定时间内完成一定的运动量。在整个运动过程中，我们可以顺畅地呼吸，让心率保持在一定的范围内。

比较常见的有氧运动有跑步、游泳、跳绳、骑自行车、爬山等，想要减脂的人可以选择自己喜欢且适合自己的运动去帮助完成减肥的目标。

## 马拉松比赛的赛程为什么是42.195千米？

如今，很多城市都会举行马拉松比赛，人们对这项运动的热情也逐渐高涨起来。

大家都知道，马拉松比赛是一项赛程很长、很考验耐力的比赛。而且，比赛的赛程并不是一个整数，而是 42.195 千米。这是为什么呢？

其实，这个赛程的设定，与一场战役有着直接的关系。

马拉松是古希腊的一个地名，位于雅典城东北。公元前 490 年，波斯军队从马拉松登陆，准备进攻希腊。可是，希腊军队英勇顽强，战胜了波斯军队。为了让全城的百姓都知道这个好消息，统帅米勒狄派一个叫菲迪皮茨的士兵回去报信。

菲迪皮茨拼尽全力，一口气从马拉松跑到了雅典中央广场。他刚报告完胜利的消息，就因体力不支而不幸死亡了。

后来，为了纪念菲迪皮茨，人们在举行首届奥运会的时候，设立了马拉松长跑项目，其路线就是当年菲迪皮茨所跑的路线，而长度呢，后来确定为当年菲迪皮茨跑过的长度——42.195 千米。

## 跳水运动员跳完之后要“淋浴”，这是为什么？

跳水运动是中国具有传统优势的体育项目之一，深受广大运动爱好者的喜爱。

我们看跳水比赛的时候，会发现运动员完成一个动作之后，都要到泳池边的喷头下“淋浴”一番，这是为什么呢？

也许有些人觉得，这样做的目的是清洁身体，冲掉附着在身上的氯。可是，“淋浴”用的水中，同样也含有消毒用的氯，这样冲洗的话，根本无法起到清洁的作用。

其实，这样做的目的是保护运动员。一般来说，游泳池中的水的温度会保持在26℃左右，而游泳馆中的室温只有22℃左右。所以，运动员在出水之后，常常会感觉有一点冷。为了维持体温，运动员要去“淋浴”一下。这样的话，身体的肌肉不会因过大的温差而出现紧张的情况，这对运动员会有保护作用。

## 奥运会上点燃圣火的仪式源自何处？

四年举办一次的奥运会，是世界体坛的盛典，能参加这个盛会是很多运动员一生的骄傲。

观看奥运会比赛的时候，我们都知道，在比赛正式开始之前，奥运圣火的传递和点燃，是整个盛典不可或缺的组成部分。

点燃圣火的仪式，可以追溯到古代奥运会。当时，按照规定，奥运会开始之前，人们要聚集在奥林匹亚宙斯神庙前，隆重举行庄严肃穆的仪式。在仪式上，人们要在祭坛点燃火炬，然后让火炬手举着火炬四处奔走相告。

火炬具有至高无上的象征意义，它就像一道严厉的命令，让人们放下一切前去参加奥运会。即便是正在发生战争的地区，只要看到火炬，人们也会放下手中的武器，奔赴奥林匹亚参加奥运会。可以说，奥运圣火给人们带来了和平与安宁。

于是，这个仪式被一代代传承下来。点燃火炬的目的，是要让人们追求光明、团结和友谊。

## 跑步机最初是种刑具？

很多热衷于减肥、健身的人，都将跑步机视作上佳运动器械，有些人干脆买一台跑步机放在家里，什么时候想跑步就开动机器跑上一阵。

对时间紧凑、健康状况不佳的人来说，一台跑步机确实可以从多个方面给人带来益处。可是，如果告诉你，跑步机的雏形其实是一种刑具，你还会觉得在跑步机上跑步很快乐吗？

19 世纪初，一名英国工程师发明了一种刑具：犯人需要持续不断地踩着踏板，从而带动滚轮转动，以便利用由此而产生的动力来抽水或者研磨谷物。

对犯人使用这种刑具，不仅可以惩罚他们，还能通过他们的劳动获得收益，可谓一举两得。

可是，由于重复、枯燥的劳动会对人的精神产生很大的折磨，所以这种刑具最终被英国政府禁止使用了。

有意思的是，这种刑具虽然被禁用，可是以它为原型设计出的跑步机，如今已经风靡全球了。

## 1、2、3 号队员去哪儿了？

观看国际篮球比赛时，我们会发现一个有趣的现象：篮球运动员的球衣号码中没有 1、2、3 号，都是从 4 号开始的。

这是为什么呢？难道是因为球员们都不喜欢这几个号码吗？当然不是这样了！

原来，在篮球比赛中，由于现场比较嘈杂，所以裁判员通常用手势向观众、运动员、记录员等传递相关信息。我们也知道，篮球比赛中的得分有 1、2、3 分。为了避免将球员的号码和他们得到的分数弄混淆，所以干脆不让运动员穿 1、2、3 号球衣了。

也就是说，1、2、3 号球衣之所以没有出现在国际篮球比赛的赛场上，完全是因为要减少不必要的麻烦，与个人喜好无关。

当然，在某些国家的联赛中，1、2、3 号球衣还是允许穿的，运动员可以根据自己的喜好做出选择。

## 跑马拉松会伤到乳头吗？

马拉松比赛的赛程全长达到了 42.195 千米，对参赛的运动员来说，这不仅是一场比赛，更是一场对意志和体力的考验。

马拉松比赛常常会让运动员觉得筋疲力尽。如果过度疲劳，运动员还有可能出现肌肉拉伤的情况。不仅如此，有些人在比赛中还会出现乳头流血的情况。

相关报告表明，很多男性参赛者会因为乳头疼痛甚至流血而倍感尴尬和痛苦。之所以出现这种情况，主要是因为在长时间的跑步过程中，乳头一直与衣服产生摩擦，结果导致乳头上本来就很薄的皮肤被磨薄、磨破。

而同样参加马拉松比赛的女性运动员，则很少被这个问题困扰。这是因为她们都穿着紧身的运动内衣，从而有效地减少了摩擦。

## 能在海啸中冲浪吗？

在很多喜欢运动的人看来，冲浪手都是很酷的，他们不仅拥有精湛的技术，还拥有无与伦比的勇气。毕竟，在汹涌的海浪中随意穿梭，并不是每个人都能做到的。

冲浪需要借助海浪带来的动力，同时也要面临被海浪淹没的危险。通常来说，海浪越高，冲浪的难度就越大。对很多喜欢挑战的冲浪手来说，越高的海浪越能刺激他们的神经。

那么，在海啸中，技术高超的冲浪手们还能自由地驾驭冲浪板吗？

从冲浪的原理上说，冲浪手只要技术足够精湛，那么在几十米高的海浪中穿梭也不是什么问题。可是，海啸带来的巨浪高度通常在 30 米以上，其危险性不在于浪有多高，而在于波浪的运动规律难以捉摸，冲浪手如果按照常规的方法和思维方式去冲浪，是很难做到随机应变的。

科学家们曾经做过测算：1 立方米的海水，重量在 770 千克左右，也就是跟一辆小型汽车的重量差不多。在海啸中，当冲浪手面对数以万计的横冲直撞的小汽车时，往往很难采取有效的应对措施。所以说，在海啸中冲浪，简直就是自寻死路。

PART 04

# 无私之爱，养育孩子的点点滴滴

## 胎儿在母体里就会排便吗？

进食和排便，这是人类的正常生理需求。对成年人来说，如果好几天不排便，身体很可能会出现问题，就不得不去医院寻求帮助。胎儿要在母亲的身体里生活10个月，在这段时间里，胎儿通过脐带吸收营养，那他们是不是需要排便呢？

胎儿在出生之前，生活在羊水之中，所需的营养和氧气都要母体来供给。生活在母体内的这段时间里，胎儿不会像成人一样进食各种食物。所以，他们的身体中不会产生大量的食物残渣，一般不会有大便产生。

可是，生活在羊水之中，胎儿难免会在某些时候误吞一些羊水。这样一来，他们体内就会有一些尿液产生。

也就是说，胎儿在母体内会有排小便的情况，只是小便的量不会太大，次数不会很多。而大便则会在他们出生之后才排出。不妨试想一下，如果胎儿在母体中就开始排大便，那么他们的生存环境将有多么糟糕。

当然，也会有一些超过预产期的胎儿，已经在母体中排出大便，而且一部分大便有可能会被胎儿重新吸进体内。一旦出现这种情况，胎儿在出生之后就要遭受洗胃的痛苦。

## 婴儿为什么总是流口水？

大多数情况下，刚刚出生不久的婴儿总会不停地流口水，爸爸妈妈们总要不断地用手帕给他们擦。

很多人想不明白：婴儿为什么会有那么多的口水？有些人觉得，是喝水喝多了，才导致口水不停地流出来；有些人认为婴儿是馋了，所以才会控制不住地流下口水来。

实际上，这些想法都不对。婴儿流口水的行为，其实是具有深层原因的。

大家都知道，唾液是人体的一种重要分泌物，它可以促进消化。对婴儿来说，唾液的作用就更加显著了。

这是因为，婴儿的消化系统尚未发育完全，消化过程需要更多的唾液参与，只有分泌出更多的唾液，才能确保消化过程顺利完成。也就是说，婴儿分泌的用于消化的唾液，比成年人分泌的要相对更多一些。

有的时候，由于唾液分泌过多，婴儿无法将它们全部咽进肚子里，所以有一部分唾液就从嘴里流了出来。这部分唾液，就是我们平时看到的口水。

## 婴儿为什么会哭着来到这个世界？

有一个大家都知道的常识，那就是婴儿出生的时候，总是哭着来到这个世界。如果婴儿从妈妈肚子里出来的时候没有哭，医生还要反复拍打，直到婴儿哭出声音才行。

有些人也许觉得，这样对婴儿有些残忍了，刚刚来到这个世界，就要面临大哭的痛苦。其实，婴儿大声哭泣，并不是他们感受到了痛苦，而是他们来到新环境的本能反应。

首先，婴儿在母亲体内生活的时候，是通过脐带来获得氧气、养分等的，当医生将脐带切断的时候，婴儿便没有了氧气的来源，他们必须立刻激活自己的肺功能，通过自己的肺去呼吸，而大哭的作用就是激活肺功能。哭声越大，说明婴儿的肺功能越健全，他能够获得的氧气就越多。

其次，婴儿在母亲体内生活了 10 个月，已经熟悉了子宫的环境。当他们出生的时候，生存环境的变化，使得他们的心理发生了波动。哭泣是他们表达个人感受的一种方式，也是一种正常的生理反应。

综上所述，婴儿哭着来到这个世界，是生理和心理两个方面的共同需求。哭着来到这个世界，是他们适应新环境的开始，也是他们在向父母宣告自己是一个身体健康的宝宝。

## 为什么大多数孩子都是先学会叫“爸爸”？

在养育孩子的过程中，很多父母会发现一个有趣的现象，那就是孩子总是先学会叫“爸爸”。

对很多妈妈来说，这件事简直让人心痛。妈妈们会觉得，自己每天辛辛苦苦地喂养孩子，把孩子当成珍宝一样看待，几乎与孩子形影不离；而孩子的爸爸只是每天下班之后才与孩子相处一段时间，可是孩子竟然先叫“爸爸”，而不是“妈妈”。这让妈妈们觉得难以理解，甚至认为自己为孩子的付出打了水漂。

其实，这并不能怪孩子。因为“爸”字的第一个音是“b”，发这个音的时候并不需要声带的振动，只要张张嘴就能发出声音，发音相对简单一些；而“妈”字的第一个音是“m”，发这个音的时候不仅需要声带的振动，还需要由鼻腔中发出，发音比较困难。

由此可见，孩子先叫“爸爸”，并不是因为他们对爸爸的感情比较深，而是因为“爸”字的发音比较简单，所以妈妈们完全没有必要去嫉妒孩子的爸爸。

## 小宝宝的第一泡便便为什么是绿色的？

小宝宝出生之后，父母往往关爱有加，对宝宝的照顾可谓事无巨细。宝宝的任何一点变化，都会引起父母的特别关注。

对于宝宝的第一泡便便，相信很多父母都记忆犹新。但是便便的颜色，往往也让很多父母心生疑惑。因为，宝宝的第一泡便便通常是绿色的。

为什么会这样呢？宝宝在妈妈的肚子里也没有吃什么绿色的食物，绿色究竟是从哪里来的？

原来，宝宝还在妈妈肚子里的时候，所需养分只能通过脐带由妈妈提供，一些废物也要通过脐带由妈妈排出体外。然而，并不是所有的废物都会通过脐带排出，还有一些废物会在宝宝练习吞咽和呼吸的过程中，被宝宝吸到肚子里去。

比如，宝宝身上褪下的绒毛等，都有可能被宝宝吸进自己的肚子里。这些废物经过长时间的变化之后，让宝宝的第一泡便便变成了绿色的。

宝宝将胃里存储的废物排空的过程中，便便的颜色也会逐渐发生变化：从绿色到黑色，再逐渐变成正常的黄色。

这是一个循序渐进的过程，宝宝们的父母完全没有必要过分疑惑和担心。

## 多睡觉有利于婴儿长高？

我们常常听到一种说法，就是“多睡觉有利于婴儿长高”。婴儿需要充足的睡眠，这一点毋庸置疑。可是多睡觉真的能让孩子长高吗？

相关研究已经表明，婴儿的发育速度确实与睡眠时间有着紧密的联系。

在婴儿出生之后的前几个月里，他们大部分时间都在做的一件事情就是睡觉。之所以会如此，一是因为婴儿还处于生活在母体中的那种状态，对外界的感知尚不强烈；二是因为婴儿需要通过睡眠来促进身体各项机能的发育。

研究已经发现，在婴儿出生之后的几个月时间里，他们的发育速度是非常迅速的。随着一天中睡眠时间的逐渐减少，他们的发育速度也会相应变缓。这是因为，当婴儿进入睡眠状态时，身体中人体生长激素的分泌量高于清醒时的分泌量。

可见，对于婴儿来说，保持充足的睡眠是非常重要的。只要婴儿是处于正常的睡眠状态，家长就完全没有必要担心。婴儿的睡觉时间越长，家长越应该高兴才是。

## “穷养儿，富养女”的说法有什么道理？

在养育孩子的过程中，我们常常听到一句俗语：“穷养儿，富养女。”很多人看到这句话的时候就简单地认为：“穷养儿”就是要少给儿子花钱，让他过苦日子；“富养女”就是要给女儿优渥的物质条件，让她过上公主般的生活。

可是，这种认识是不对的。作为父母，应该要清楚这句俗语背后的深意。

所谓“穷养儿”，应该是要让儿子经受更多的磨砺，让孩子在意志、品质、性格和心态方面得到更多的提升，从而培养他们自强自立的精神，让他们能够在困难面前表现出应有的男子汉气概。

所谓“富养女”，则应该是从小开始培养女儿的气质，让她拥有更加开阔的视野，更加强大的阅世能力。这样的话，女孩才知道自己想要什么、应该做什么，才能成为有见识、有主见、有智慧、有能力的人。等女孩长大的时候，她们才不会被浮华和虚荣诱惑。

可见，“穷养儿，富养女”的说法并不是简单地从物质条件的层面来说的，而是更加偏向于精神方面的培养。

## 喜欢就吃，不喜欢就不吃，挑食总比不吃好？

有些孩子很喜欢挑食，这不吃那不吃，或是喜欢吃的东西就吃很多，不喜欢吃的东西就一点也不吃。家长遇到这样的情况，难免有些着急。

当然，也有些家长干脆随着孩子的性子，让孩子想吃什么就吃什么，不想吃就不吃。这些家长觉得，不管吃什么，吃了总比不吃强。

对孩子来说，真的是吃了就比饿肚子强吗？

家长如果有这种想法，那其实是很可怕的。处于成长阶段的孩子，需要各种丰富的营养。如果孩子挑食，不仅会造成营养不良的情况，还会对孩子的肠胃造成伤害。

毕竟，如果长期只食用某一种或某几种食物，那么肠胃的消化功能将无法得到足够的锻炼。长此以往，肠胃会变得比较脆弱。在孩子需要在学校或是外出就餐时，孩子恐怕很难适应。

再者，如果喜欢吃就多吃，不喜欢吃就不吃，那么孩子很可能会饱一顿饥一顿，这种饮食习惯也会对肠胃造成伤害。

所以说，面对挑食的孩子，最好的办法就是让他们逐渐适应多样化的饮食，而不是随着他们的性子。

## 孩子总是无忧无虑的吗？

长大之后，我们总会回想起童年的美好生活，也羡慕身边的孩子们总能无忧无虑地生活。他们每天不会被各种琐事打扰，也不需要为生活、工作等操心费力。

可是，如果我们认为孩子总是无忧无虑的，那么我们其实就已经犯了错误。

关于孩子心理焦虑的相关报道，如今已经不再鲜见，只不过，有些孩子并不知道自己正被焦虑折磨，也不懂得如何表达，所以很多父母就认为自己的孩子是无忧无虑的。殊不知，这只会让孩子产生更多的焦虑。因为他们想要获得父母的帮助，走出焦虑的困境，可是父母似乎并没有关注到他们的心理状态，这难免会让孩子产生失望和无助的感觉。

所以说，父母在养育孩子的过程中，不能用一种固有的思维方式去看待他们。毕竟，现在的孩子面对着比之前复杂得多的环境，承受着比以往更加沉重的压力，父母应该更多地关注他们的心理状态。

## 孩童可以喝蜂蜜水吗？

对一些刚刚成为家长的人来说，养育孩子是一门需要持续学习的课程。孩子一点点的变化和异样，都会让父母倍感紧张。

在养育孩子的过程中，便秘是孩子身上经常发生的现象，也是让父母倍感头疼的事情。很多父母根据自己的经验，会在孩子便秘的时候，给他们喝一点蜂蜜水，觉得这样能起到一定的缓解作用，因为蜂蜜水能够促进肠胃蠕动，有助于孩子的消化。

对于成年人来说，喝蜂蜜水确实对改善便秘有一定的帮助。但是对孩童，特别是婴儿来说，这种做法可能会十分危险。

这是因为，婴儿的消化功能并未发育健全，肠胃的免疫力相当有限。蜂蜜虽然富含营养，可同时也含有少量的肉毒杆菌。对成年人来说，这些杆菌不会有什么影响；可是婴儿将杆菌吃进肚子里的话，可能会带来无法预料的后果。

所以，即便婴儿出现便秘的情况，也不要给他们喂食蜂蜜水。最好的缓解便秘的方法，是让他们多喝温开水。

## 为什么说“女儿是爸爸的小棉袄”？

说到女儿和爸爸之间的关系，我们常常会用“女儿是爸爸的小棉袄”来形容。在现实生活中，爸爸确实对女儿很疼爱。

那么，为什么女儿会是爸爸的“小棉袄”呢？

这主要是因为，女孩的心思更加细腻，她们更善于在某些细小的事情上去关心爸爸。很多时候，女儿更会对爸爸嘘寒问暖，让爸爸体会到温暖。女儿更会表达对爸爸的爱意，加深与爸爸之间的感情。而这些，男孩往往很难做到。

从某种程度上说，“女儿是爸爸的小棉袄”反映的是女儿对爸爸的关心，还有女儿的举动给爸爸心理上带来的温暖感受。

## 男孩哭是软弱的表现？

很多父母认为，男孩子应该坚强、勇敢，即便遇到挫折，也应该顽强地战胜它。而且，无论遇到什么样的困难，男孩都不能哭，因为哭是软弱的表现，与男子汉的形象不符。

然而，对男孩来说，他们的感受却并非如此。即便对于成人来说，哭也是一种正常的生理需求。禁止一个年龄尚小的孩子哭，这对孩子将是多么大的伤害甚至是摧残。

对于孩子来说，哭是一种发泄情绪的通道。很多时候，他们哭是因为心中有委屈或是心理上受到了伤害。如果父母不问青红皂白地限制孩子哭的自由，那只会对孩子产生更大的伤害。

所以，当孩子哭的时候，父母首先应该搞清楚他们哭的原因，如果是正常的情绪宣泄，那就应该允许他们哭。如果连这种最基本的生理需求都得不到满足，那么孩子的心理状态将会堪忧。

PART 05

# 细品文学，尝见人生百味

## “诸子百家”是一百个学术派别的统称？

春秋战国时期，社会动荡不安，变革时有发生。

由于诸侯国内部的社会结构和阶层不断发生变化，代表各个阶层和政治力量的学者或思想家不断涌现出来。当时，各种流派层出不穷。这种多种流派互相竞争、相互争鸣的局面，被后人称为“百家争鸣”。

“诸子百家”的说法既符合当时的社会现实，也说明了当时社会的混乱情况。根据统计，当时能够数得上名字的流派就有 180 多家，真正产生较大影响的只有儒家、道家、墨家、法家、杂家、纵横家等。

## 打油诗是打油时写的诗吗？

对于打油诗，很多人都略有耳闻。它由于通俗易懂、诙谐幽默，所以深受老百姓的喜爱。

这种诗是即兴创作的，创作难度不高，不需要对仗特别工整，有时候甚至可以张口就来。莫非最早出现的打油诗，就是一个人在打油的时候创作的?

这种想法不能说没有道理，却不是正确的答案。实际上，“打油”是打油诗创始人的名字。

据说，唐朝有一个叫张打油的人，尽管学识有限，但很喜欢舞文弄墨。有一次，他在一场大雪之后即兴写了一首诗。全诗没有用到一个“雪”字，却将雪后的景物描绘得恰到好处，又充满趣味。

后来，人们便借用张打油这个名字，将这类通俗易懂、诙谐幽默的诗称作打油诗。

其实，打油诗不仅在民间颇受欢迎，一些文人学士偶尔也会作些打油诗当作消遣，如今流传下来的很多打油诗就出自文人之手。

## 中国最早的小说作品是什么？

小说是一种大家都很喜爱的文体，很多小说家在文学史上都占据着重要的地位。

小说不仅题材广泛，文章长度也比较自由。说到这里，很多人都知道，小说可以分为长篇小说、中篇小说、短篇小说、微型小说、小小说等。

可是，如果要问中国最早的小说作品是什么，有多少人能给出正确答案呢？

普遍认为，中国最早的小说应该是先秦作品《山海经》。作为一部涉及历史、地理、神话等多方面内容的优秀作品，它涵盖内容之广，语言描述之精妙，让后来人为其高声叫好。

直到今天，《山海经》依然是颇受欢迎的经典著作，与之相关的文学作品也层出不穷，让读者们能大饱眼福。

## 《诗经》收录的诗歌不是305篇？

《诗经》是中国最早的诗歌总集，这一点大多数人都知道。还有很多人也知道，《诗经》还被称作《诗三百》，其中共收录305篇诗歌。

可是，也有一种观点认为，《诗经》一共收录了311篇诗歌。这又是怎么回事呢？

原来，在《诗经》中，有6篇只有题目却没有内容的诗歌，它们的题目分别是《南陔》《白华》《华黍》《由庚》《崇丘》《由仪》。由于只有题目却没有内容，所以很多版本的《诗经》并没有将它们收录其中。

但是，在北宋时期，已经有人将这6篇诗歌定名为“笙诗”，后来这名称就一直沿用下来。至于这6篇诗歌为什么只有题目却没有内容，是一直存在争议的问题。

## 鸳鸯不只是爱情的象征？

在我国的很多文学作品中，鸳鸯都被视作爱情的象征。许多与鸳鸯有关的俗语、成语等，人们也都耳熟能详。如今，一提起鸳鸯，很多人的第一反应就是它是有情人厮守终身的代名词。

可是，鸳鸯象征的并不只是有情人之间的爱情，还有兄弟之间的情谊。这是怎么回事呢？

从中国古代的一些诗歌中，我们可以发现一些端倪，它们足以证明鸳鸯并非只是指代夫妻的。

在《诗经·小雅》中，有专门以鸳鸯为主题创作的诗歌，其中的鸳鸯，确实指代夫妻。可是，在“昔为鸳和鸯，今为参与辰”[《别诗四首》（其一）] 这句诗中，鸳鸯则被用来形容兄弟之间的感情。尤其是这首诗中，还有“骨肉缘枝叶，结交亦相因”“况我连枝树，与子同一身”“四海皆兄弟，谁为行路人”等句子，可见这明显是一首兄弟间的赠别诗。

另外，嵇康的《赠兄秀才入军》，是为其兄从军而作，其中提及的鸳鸯，显然也是比喻兄弟和睦友好的。

可见，在古代，鸳鸯所蕴含的意义，比现代的更加丰富。

## 唐朝诗人与诗有关的别称有哪些？

大唐盛世是中华民族悠久历史中的辉煌篇章，在中国历史上留下了浓墨重彩的一笔。

在政治、文化、经济等各个方面，唐朝都取得了长足的进步，直至今日依然受到后人的推崇和盛赞。

在文化领域中，唐朝诗人的成就举世瞩目。他们所作的唐诗，一直被视作文化瑰宝，一代一代流传下来。在 1000 多年的历史长河中，与唐诗一起流传至今的，还有唐朝诗人的名字及他们的别称。

在各种各样的别称中，与诗有关的并不在少数。

诗仙：李白，著名浪漫主义诗人。

诗圣：杜甫，著名现实主义诗人，他的诗被称作“诗史”。

诗魔：白居易，著名现实主义诗人，“新乐府运动”的倡导者之一。

诗鬼：李贺，浪漫主义诗人，与李白、李商隐并称“唐朝三李”。

诗豪：刘禹锡，文学家、哲学家。

“诗”字和“仙”“圣”“魔”“鬼”“豪”等字组合而成的别称，不仅反映出人们对诗人们的尊敬和推崇，也是唐朝诗文化的一种重要展现方式。

## “林妹妹”和曹雪芹是什么关系？

我们在欣赏文学作品的时候会发现，很多主人公其实都是有生活原型的。作者对原型进行艺术的加工，最终呈现出一个鲜活、生动的形象。

在《红楼梦》中，“林妹妹”可以称得上是一个众人皆知的形象，那么她是不是也有原型呢？她和曹雪芹有什么关系？

根据记载，“林妹妹”的原型是曹雪芹舅爷的孙女，名叫李香玉。

大约在康熙末年，李香玉不幸变成了孤儿，曹雪芹的奶奶见她可怜，便把她接到家中抚养。后来，曹雪芹家也被抄家，李香玉只好跟着曹雪芹一家搬往北京。李香玉孤身一人，又寄人篱下，所以整日愁眉不展。尽管曹雪芹时常劝慰，她却一直难以抚平心绪，结果几年之后便撒手人寰。

在创作《红楼梦》时，曹雪芹将李香玉的遭遇融入其中，或许是对她的一种纪念。

## 《四库全书》中的“四库”指什么？

在中国文学史上，《四库全书》是一部前无古人的鸿篇巨制。

《四库全书》全称是《钦定四库全书》。所谓“四库”，指的是经、史、子、集四部。它由于差不多囊括了中国古代所有的图书，所以被称作“全书”。

《四库全书》是由乾隆皇帝主持编定的，前后共耗时13年才编撰完成。在这个过程中，共动用了360多位高官、学者编修，3800多人进行抄写。

《四库全书》保存了大量的历史文献，并对典籍中的错误进行了校正，给后来的学术界带来了巨大的影响。

## 唐宋相较，哪个朝代的诗更多？

很长时间以来，我们都认为唐朝比较著名的是诗，宋朝比较著名的是词，所以才会有“唐诗宋词”一说。

从历史发展的角度说，格律诗在唐朝发展成熟，且唐代科举也考诗赋，唐朝文人也热衷于此，因此流传下来的比较著名的唐诗是比较多的。

但是，如果单从诗的数量上来说，其实宋朝流传下来的更多一些。据统计，现存唐诗共有56000余首，而宋诗则多达247000余首。从诗人的角度来说，南宋的陆游是存诗最多的诗人，其诗作目前可以查证的就有9000余首。

可见，在宋朝，文人们也爱写诗，只是由于宋词比宋诗更加出名，所以宋诗的光芒就被掩盖了一些。

总体而言，唐诗和宋诗是有着紧密联系的，虽然宋诗的知名度不如唐诗的，但宋诗也是古诗大家庭的重要组成部分。

## 什么是“欧·亨利式结尾”？

欧·亨利是世界著名的小说家，创作了很多脍炙人口的作品。

欧·亨利的作品，常常会在结尾处给人带来惊喜。很多出乎意料的结局，让读者大呼过瘾，以至于人们给欧·亨利作品的这种结尾方式起了一个专有的名字——“欧·亨利式结尾”。

当然，这并不是说只有欧·亨利的作品中才能用或是才会有这种结尾方式，而是说一看到这样的结尾方式，人们首先想到的就是欧·亨利。

“欧·亨利式结尾”以结局出人意料为主要特征，通常指作者在创作到尾段时，会让主人公的心情、境遇等发生剧烈甚至相反的变化。这种变化虽然很大，却在情理之中，会让读者在惊讶之余，又不会感觉突兀，并且会让读者反复回味。

可以说，“欧·亨利式结尾”不仅是欧·亨利作品的标志，也是新型写作手法的代表之一。

## “亡国之音”与词有什么关系？

提到“亡国之音”，是不是很多人首先想到的就是这是一首能够毁人心智的歌曲？

有这样的想法其实无可厚非，可是这里所说的并非歌曲，而是词。这首词就是南北朝时期陈朝的皇帝陈后主创作的《玉树后庭花》。

这首词悲凉凄婉，陈后主十分喜欢，于是让人每天为他演奏。陈后主本就生活奢靡，不问政务，每天沉迷于酒色之中，如此一来，更是只顾享乐，把朝廷弄得乌烟瘴气。

皇帝如此荒唐，朝中的大臣自然也就恣意放纵，整个国家都陷入混乱之中。

此时，北方隋朝的国君发现了陈朝的衰败趋势，于是发兵攻打陈朝。

陈后主得知这一消息之后，依然不为所动，他认为有长江天险阻隔，隋朝的军队定然无法攻过来，于是继续过着奢靡的生活。

没想到，隋朝军队最终渡过长江，陈朝灭亡了。

后来，人们就把陈后主的《玉树后庭花》称作“亡国之音”，意在告诫人们不要因沉迷于享受而耽误了大事。

## 诺贝尔文学奖是化学家诺贝尔设立的吗？

众所周知，诺贝尔是一位著名的化学家，他在化学领域取得了别人难以企及的成就。如今，以他的名字命名的诺贝尔奖，也成为荣誉和成就的代名词。

诺贝尔在物理、化学、生理学或医学等领域设立奖项，与其研究方向还有一定的联系，可是他为什么要设立诺贝尔文学奖呢？这个奖项是他设立的吗？

其实，诺贝尔不仅在化学领域有很高的造诣，在语言和文学方面也有过人的天赋。他熟练掌握 6 种语言，也能撰写诗歌。虽然存世的文学作品很少，但是诺贝尔始终有一颗热爱文学的心，所以他会设立诺贝尔文学奖也就不足为奇了。

PART 06

# 天哪，世人都害怕的数理化

## 阿拉伯数字是阿拉伯人发明的吗?

在数学领域，阿拉伯数字是一个非常重要的组成部分。小学生在课堂上学习，也都知道“1、2、3、4、5……”被称作阿拉伯数字。

可是，如果告诉你，阿拉伯数字并不是阿拉伯人发明的，你会觉得吃惊吗?

实际上，阿拉伯数字是古印度人发明的。

早在公元前3世纪，古印度人就已经发明了0～9这十个数字符号。这些数字由于写起来十分方便，看起来也很清晰，再加上具有极强的实用性，所以很快就得到了广泛的应用。

后来，这些数字由阿拉伯人传到了欧洲。欧洲人误以为这些数字是由阿拉伯人发明的，所以给它取名叫“阿拉伯数字”。

阿拉伯数字刚刚传入欧洲的时候，曾经受到教会的抵制，以至于在很长一段时间内无法受到欧洲各国的认可。但是，随着越来越多的人认识到阿拉伯数字所具有的优点，它终于在欧洲各国流行起来，并最终成了世界各国通用的数字。

尽管后来人们知道了阿拉伯数字是古印度人发明的，但是由于已经习以为常，所以“阿拉伯数字”这种说法一直延续了下来。

## 为什么用“X”表示未知数?

“X”是大家都很熟悉的英文字母，在做数学题的时候，我们常常会将它设为未知数。这种设置方法，据说已经有几百年的历史。那么，为什么选择将“X”设为未知数呢？

有这样一种说法是，最开始将“X”作为未知数的，其实是西班牙学者。当时，很多代数术语都出自阿拉伯语，可是西班牙学者无法发出阿拉伯语的一些读音。

在阿拉伯语中，“未知事物”是有相应的专有名词的，这从早期的数学著作中可以找到记录。可是，西班牙学者无法发出准确的读音，也无法找到合适的字母去代替，所以就从希腊文中借用了“X”这个字母来表达。

后来，“X”就随着各种数学著作传遍了欧洲，以“X”代表未知数的习惯也就逐渐形成了。

## 算盘最早出现在中国吗？

这要看你说的算盘是哪种算盘了：如果是中国算盘，那么一定是中国发明的；但是算盘不是。

古装剧中，手持算盘的账房先生是常见角色之一，手熟者拨弄飞快，很快就能理清一天的账目。今天，还有不少中小学讲授算盘用法，然而只是将其作为传统文化去修习，很少有人真的再用它计算。人们更熟悉计算器，更复杂的计算则由电子计算机完成。

和一般人想象的不同，算盘并非中国人的发明。最早的算盘出现在公元前 2700 年到公元前 2300 年的苏美尔文明时期，最初只是一个有横隔的泥板，摆上泥丸或者石子，按位累加，放满清空，并在下一列加 1——这就是进位制的起源。

## 为什么说“响水不开，开水不响”？

相信很多人都听家里的长辈说过“响水不开，开水不响”这样一句话，这是先辈们在一代一代实践中总结出的经验，是后人们宝贵的生活财富。也许他们不知道为什么，但是这句话确实有科学的道理。

在水中和水壶内壁的表面小空穴中，都存在一定量的空气。水被逐渐加热的过程中，水中的空气会被慢慢排出来，这时我们可以看到很多的小气泡，尤其是壶底和水边的小气泡更多。小气泡活动的时候，会发出一些轻微的声音。

然后，随着温度的升高，这些小气泡的体积不断膨胀并向上运动，当气泡运动到上层温度较低的冷水中时，就会破裂，因此会发出比较大的声音。

很响的声音会持续一段时间，直至下层的气泡全部运动到上层并破裂，水壶中的声音才会变小。这个时候，我们能看到的就是水面表层一直在咕嘟咕嘟地冒泡，这说明水已经完全烧开了。

## 人能用手抓住子弹？

在很多电视剧里，我们经常可以看到功夫高手躲过子弹的镜头。甚至还有更夸张的剧情：武林高手站定不动，伸手就能将别人手枪中射出的子弹捏在手里，甚至用牙咬住。看到这种剧情，是不是很多人会觉得匪夷所思？毕竟子弹的速度比人的行动速度要快太多，能够躲开子弹的人，真的是凤毛麟角。

在现实生活中，如果有人说他能用手抓住子弹，是不是会有很多人嗤之以鼻，或者无情嘲笑呢？

可是，这种看似不可能发生的情况，确实有可能发生。

当然，想要用手抓住子弹，需要一定的特殊条件，那就是人与子弹运行的方向要保持一致，二者的速度也要近乎相同才行。

从物理学的角度来说，由于人与子弹运行的速度近乎相同，所以对人来说，子弹的相对速度近乎零。也就是说，此时在人的眼中，飞行中的子弹正处于接近静止的状态。在这种情况下，用手去抓子弹，简直是轻而易举的事情。

据说，在第一次世界大战期间，法国的一位飞行员就在驾驶战机的过程中伸手抓住了敌机射来的子弹。敌机上的飞行员见此情况，大吃一惊，急忙落荒而逃了。

可见，在特定的条件下，人是可以用手抓住子弹的。

## 洗澡的时候歌声更悦耳？

洗澡的时候，有很多人喜欢播放一些背景音乐，或是自己唱歌听，觉得这样给人的感觉更好。而且，很多人会发现，洗澡的时候唱歌，声音比平常唱歌时的更加悦耳，听起来更觉得享受。

很多人都会有这样的感受，但是无法说清其中的缘由，以至于有些人怀疑这只是自己的错觉。

实际上，这种情况确实存在，而且其中蕴含着一定的道理。

声音的传播，要受到多种因素的影响。也就是说，我们听到的声音，通常是多种声音混合而成的合音。在不同的环境中，声音会受到不同因素的影响，所以即便是同一个人说同样的话，由于环境不同，人们听起来也会有不同的感受。

在广阔的平原上唱歌，由于声音的传播不受阻碍，也就极少有回声出现，所以声音听起来显得有些单调和干瘪；而在山谷中唱歌，由于声音会一次次被反射回来，所以就形成了“空谷传音”的效果。

在洗澡的时候，喷头中喷出的水滴也会反射声音，再加上浴室的空间相对较小，所以反射的次数更多、频率更高，这就使得浴室的声音混响度比一般房间的要大许多。因此，在洗澡时唱歌，歌声自然会比平时唱歌更加悦耳一些。

## 高速公路为什么要限速？

驾驶汽车在高速公路上飞驰的时候，导航里可能会传来“您已超速”的提醒。这个时候，我们就要适当降低车速。

很多人对此并不理解：既然是高速公路，为什么还要限速呢？

我们知道，物体在运动的时候，都会产生惯性，而且速度越快、质量越大，惯性就越大。汽车高速行驶的时候，它所产生的惯性通常是非常大的。在遇到突发情况时，即便第一时间刹车，由于惯性的原因，汽车还是会向前行驶一段距离。为了让汽车能及时停下，以保证驾驶员及乘客的安全，所以对在高速公路上行驶的汽车提出了限速的要求。

如果车速超过最高限速，车的惯性会增加，刹车距离也会有所延长。对驾驶员来说，一旦遇到突发情况，他们往往很难及时处置，这对驾驶员及乘客的生命安全都将造成威胁。所以，在驾驶汽车的时候，千万不要超速。

## 饮料瓶里的饮料都不装满，为什么？

到超市买饮料的时候，我们会发现饮料瓶里的饮料都没有装满。这种情况我们司空见惯，所以很多人不会觉得有什么不妥。但是，也有些人或许会认为，这是饮料厂商为了节约成本而刻意为之。

事实上，不将饮料装满并不是为了节约成本，而是出于安全的考虑。

相信很多人都看过这样的视频：一个人将瓶装可乐用力往地上一摔，可乐会在瞬间飞上天空；在空中划出一道美丽的弧线之后，可乐最终落在了地上。

饮料瓶中的压强会随着外界温度、压力等因素的变化而发生变化，温度上升、压力增大的话，饮料的体积会膨胀，压强也就随之增大。当压强大到能冲开瓶盖的时候，握着瓶子的人就有可能受到伤害。

为了避免这种情况的发生，在灌装饮料的时候，厂商会在瓶中特意留出一定的空间，让饮料在小幅度膨胀的时候能够处于平稳的状态。

## 石头会生锈？

日常生活中，我们常常见到一些铁器生锈的现象。如铁锅、剪刀、铁铲等，一旦沾上水，放置一段时间不用的话，就会变得锈迹斑斑。

这不难理解，是因为铁器保存不当，铁和空气中的氧气发生了化学反应。

金属生锈，很多人都曾见过，也能理解。可是，如果石头也生锈，人们会不会觉得匪夷所思呢？

喜欢在野外探险的人，会常常看到一些生锈的石头。科学家经过研究之后，也发现了一些表面会生锈的石头。

这究竟是怎么回事？石头怎么会生锈呢？

通过观察和研究不难发现，会生锈的石头，通常是金属含量比较高的。石头长时间暴露在空气中，其中的金属元素与空气中的氧气及雨水等发生作用，石头表面就会变得锈迹斑斑。

在自然界中，比较常见的会生锈的石头，大多是铁含量比较高的铁矿石。此外，含铜、镍等金属的矿石，如果金属含量较高，石头表面也会生成绿色或蓝色的锈。

有的时候，科学家们甚至可以通过石头表面的锈迹来判断石头里面的成分。

## 烧开水的壶里为什么总有水垢？

在经常使用的烧水壶里，常常会有一层水垢，清理起来非常麻烦。很多人认为，产生水垢的原因是水质不好，水里有太多的杂质，慢慢沉积起来。

实际上，这些水垢并不是杂质，而是碳酸钙。那么，这些碳酸钙是从哪里来的呢？

在水中溶解有碳酸氢钙，加热的时候，碳酸氢钙受热后逐渐分解，转变成了二氧化碳、水和碳酸钙。二氧化碳扩散到空气中，碳酸钙则附着在水壶底部或内壁上。水壶用久了之后，碳酸钙越积越多，就变成了水垢。

## 水果真的可以解酒吗？

饮酒之后，有的人很喜欢吃点水果，觉得这样可以解酒。那么，水果真的可以解酒吗？解酒的原理是怎样的？

原来，水果里含有机酸。比如，比较常见的几种水果中，苹果中含有苹果酸，柑橘中含有柠檬酸，葡萄里则含有酒石酸。

我们都知道，酒的主要成分是乙醇。水果中的这些有机酸和乙醇发生作用之后，就会生成酯类物质。乙醇被分解，解酒的目的自然也就达到了。

还有些人在饮酒之后喜欢喝点食醋，其实这与吃水果的道理是一样的。因为食醋中含有一定量的乙酸，乙酸同样能跟乙醇发生反应，生成乙酸乙酯，从而达到解酒的目的。

## 头发可以变钻石？

“钻石恒久远，一颗永流传”的广告词，相信很多人都耳熟能详。钻石的独特属性，使它成了坚贞爱情的代名词。

钻石的璀璨和华贵给人们带来了独一无二的感受，但是天然钻石昂贵的价格，也让很多人望而却步。

如今，已经有很多人造钻石。虽然品质与天然钻石的尚有差距，但这类钻石已经相当令人满意了。

但是，如果科学家说，有些钻石是用头发制造出来的，你会相信吗？

对化学知识稍有掌握的人都知道，钻石的主要成分与木炭的一样，都是碳元素。两者在形态和价值上之所以差距巨大，只不过是因为两者的碳原子的排列结构有所不同。

那么，只要能改变木炭中碳原子的排列结构，木炭就能变成钻石。事实上，也确实已经有人将木炭制造成了钻石。

人的头发中，碳元素也占很大的比例。因此与用木炭造钻石的道理一样，用头发制造钻石也并非异想天开。

科学家们先将头发烧成灰，然后按照一定的比例将这些灰与石墨粉混合在一起并倒入特殊的仪器中，再通过高温、高压等手段对上述混合物进行压缩结晶，在得到结晶体之后，再经过多次打磨，最终就能得到人工钻石。

可见，用头发制造钻石并不是痴人说梦，而是完全可以通过科学手段实现的。

## 肥皂可以阻止海难的发生？

设想这样一个场景：

一艘轮船正在大海上扬帆前进，忽然，有人发现船体下面破了一个小洞，海水正从这个小洞汩汩冒出。他急忙喊人帮忙。很多人陷入焦虑之中。

这时，一个人赶忙取来一块肥皂，把它压在小洞上，并用胶带将肥皂固定好。

就这样，一场海难被阻止了。

这样一个场景即便是发生在电影、电视剧中，也仍有许多人觉得难以置信。如果这是发生在生活中的真实一幕，是不是会让更多的人大呼惊讶呢？

不要惊讶，更不要不信，因为肥皂确实能起到堵塞船身破洞的作用。在破洞不是很大的情况下，用肥皂真的可以阻止海难的发生。

这是因为，海水中溶解有很多物质。其中的某些物质遇到肥皂时，会发生很多化学反应。在某些反应发生之后，就会生成一些不溶于海水的新物质，这些物质包覆在破洞周围，海水就不会渗入船里了。

当然，这只是一种临时的补救措施。轮船在抵岸之后，还是要及时进行修理的。

## 消毒液和洗涤灵能混合使用吗？

很多人的家里，都会准备各种各样的消毒液、洗涤灵等。这是良好的生活习惯，有助于保持卫生。可是，如果将消毒液和洗涤灵混合使用，那么不仅无法起到消毒的效果，反而会对身体造成伤害。

消毒液的主要成分是次氯酸钠，当它与洗涤灵混合之后，会释放出氯气。

氯气是一种黄绿色的刺激性气体，它在杀灭细菌的同时，也会对人体健康造成损害。比如，它会对人的呼吸道、眼睛、皮肤等产生强烈的刺激。人在吸入氯气之后，会发生氯气中毒，严重的情况下有可能造成死亡。

因此，消毒液和洗涤灵一定不能混合使用。如果不慎将两者混合，要在第一时间撤离现场，以免出现氯气中毒的情况。

PART 07

# 你不知道的地理趣知识

## 南极冷还是北极冷？

科学家们经过考察和研究之后发现，分处地球两个极端的南极和北极，确实存在很多相同之处。比如，两者的相同纬度上，太阳照射的时间和角度也一样。

我们从各种渠道能够了解到，南极和北极都是极寒之地，低温极端天气十分普遍。那么，这两个地方，到底哪里更冷一些呢？

想要解答这个问题，首先要从北极和南极的地理特征入手。南极和北极都有面积辽阔的冰川，但是北极冰川的总面积只有南极的十分之一左右。

南极号称世界“第七大陆”，也就是说大部分面积都由陆地构成。我们知道，陆地的储热能力较差，夏季获得的有限热量，很快就会散发出去。在寒冷的冬季，南极的温度会越来越低。测量结果显示，南极地区目前已知的低气温低到了 −94.5℃，而年平均气温也低到了惊人的 −56℃。

由此不难看出，南极地区比北极地区要更冷一些。

## 非洲一年四季都很热吗？

一提起非洲，很多人首先想到的就是非洲那炎热的天气。很多人甚至觉得，非洲常年都是夏天，一年四季都热得要命。

实际上，非洲的天气并不是很多人想象的那样。

在非洲，确实有很多地方非常炎热，这是因为非洲处于赤道地区，常年要受到太阳的强烈照射。可是，也不是所有的地方都热得让人受不了。真正炎热的地方，其实在撒哈拉沙漠的周围。除了这个区域，非洲的一些地方还是比较凉爽的，有些地区甚至会下雪。

在非洲的某些国家，即便是太阳照射最强烈的时候，气温也都在30℃以下。到了晚上，气温会再下降10℃左右。之所以出现这种情况，是因为这些国家的海拔较高。

## 为什么河流通常都是弯弯曲曲的？

在地球表面，分布着难以计数的河流。这些河流有的长，有的短，有的宽，有的窄，虽然形态各异，但是几乎所有的河流都是弯弯曲曲的，这是为什么呢？

大多数河水最终会汇入大海，这一点人人皆知。可是，河水奔腾入海的过程并非畅通无阻的。如果遇到较小的障碍，河水有可能将它们冲开；如果遇到大的障碍，如巨石等，河水就不得不绕开障碍了。

另外，由于河床的坡度、河水所受阻力及河道中沉积物质等均有所不同，所以河水的流动也会受到不同的影响。

各种影响因素叠加起来之后，河流呈现出的就是弯弯曲曲的样子了。

## 地层中的天然气来自哪里？

天然气是工业生产和日常生活的主要能源之一，跟石油一样是不可再生资源。很多人也许会觉得奇怪：天然气是一种气体，为什么能埋藏在地层中？这些天然气又是从哪里来的呢？

可以说，天然气与石油是如影随形的，在油田中，必然会有天然气。由于地质结构具有很强的封闭性，所以石油不会流走，天然气也不会散出。

天然气与石油相互依托，两者的形成过程几乎重合。在几千万年甚至上亿年之前，海洋中生活着大量的生物。这些生物死亡之后，尸体便沉入海底，随后，这些尸体被泥沙掩埋，处于缺氧的环境中。接着，在岩层压力、温度升高及细菌分解的多种作用下，这些尸体最终变成了石油和天然气。

由于地壳的不断运动，这些分散在各处的天然气逐渐聚集到一起，最终形成了储存天然气的气带。

## 为什么大海上可以无风也起浪？

我们常说“无风不起浪”，可是这句话在海上往往无法得到应验。因为很多时候，海上明明没有风，可海浪还是会不断地拍打沙滩。

在漫无边际的大海上，海浪总是会从一个地方传到另一个地方。在这种情况下，即便某处海面没有风，别处传来的海浪也会对这处海面产生影响，使得海面出现层层的海浪。这主要是因为海浪的波长很长，很难有什么力量能让海浪在短时间内消失。在一波海浪尚未消退的时候，下一波海浪可能又会传来。在不断叠加的情况下，海面上的波浪就一直都有。即便没有风，也会看到海浪。

另外，海底的地质变化也会让海面产生波浪，比如，海底发生地震时，能量传递到大海中，就会让海面产生延绵不断的波浪。

## 为什么地震多发生在晚上？

相关统计数据显示，在世界范围内，发生大地震的时间基本集中在晚上。很多时候，人们都是在睡梦中被地震惊醒。

有科学研究发现，大地震发生的时段主要有两个，一个是晚间 6～9 点，另一个是凌晨 0～5 点。不仅如此，在农历初一、十五的时候，发生大地震的概率也比较高。

为什么会出现这种情况？难道地震的发生与月亮存在某种联系？

我们都知道，月球对地球存在一种引力。这种引力不仅会引起海洋中的潮汐，也会对固体的地壳产生一定的影响。地壳也会像海水一样，发生“潮汐”现象。只不过，由于地壳面积过大，人们很难发现这种现象。

尽管地震是地球内部运动的反应，主体是地球，可是月球引力给地球带来的影响也不能忽略不计。当地震蓄势待发时，地壳发生的“潮汐”就会变成导火索，迅速“引爆”能量，导致地震发生。

因此可以说，地震的发生确实和月亮有一定的联系。某些地震之所以会发生，还真是“月亮惹的祸”。

## 石油会被用尽吗？

如今，汽车已成为家庭生活工具的重要组成部分。随着汽车数量的不断增加，汽油消耗量也在不断上升。尽管国家出台了一系列措施，在保护环境的同时，也节约了自然资源，可是石油作为不可再生资源，总量在不断减少的事实是难以改变的。

当然，说石油不可再生，并不是说它用完之后就再也没有了，而是说石油的形成过程相当漫长，需要上千万年才能开采利用。

地质专家们的普遍观点是，千百万年来，石油的形成过程一直都未停止，始终随着地质演变而缓慢进行。在如今的海洋盆地中，同样存在着很多未完全氧化的动植物尸体，这种环境与远古时代形成石油的环境十分相似。

也就是说，石油的形成过程一直在地下持续进行，石油也在不间断地产生。只不过这个过程过于漫长，所以也许未来几十代人都无法用上这些正在形成的石油。

## 台风眼中没有风？

每隔一段时间，我们就会听到某处有台风登陆的消息。台风掠过之处，房屋倒塌，树木倾倒，设施被毁，可谓一片狼藉。

一听到台风来袭的消息，人们总是心惊肉跳，可是对这种自然灾害却又无可奈何。

台风是一种非常强烈的热带气旋，通常产生于热带洋面之上。一般情况下，台风中心区域的气压很低，四周的空气绕着台风中心快速地旋转。低层空气一边旋转一边向低压中心流动，空气流动速度越快，风速也就越快。

所谓台风眼，指的是位于台风中心、平均直径约为 40 千米的圆形区域。由于台风眼外围的空气旋转速度非常快，在离心力的作用下，外面的空气往往很难进入台风眼区域，这就使得台风眼区域内近乎处于真空状态。在这个区域中，通常是不会有风的，所以在这个区域中也是相对安全的。

台风袭来的时候，有时会出现海鸟随台风移动到很远的地方的情况。这是因为这些海鸟被台风吹到了台风眼中，海鸟找到了安全的处所，于是不断随着台风移动。

对于人来说，想要像鸟一样随台风移动显然很不现实。因为，台风眼是不断移动和变化的，一旦从台风眼区域脱离出来，遇到外围强风的话，人就很容易遭受灭顶之灾。

## 海风中总有腥味儿，这是为什么？

每次到海边旅游，总是在离海岸还有一段距离的时候，我们就能闻到空气中的腥味儿。如果有一阵海风吹来，那股腥味儿就更加明显了。

每到这时，我们常常觉得，海风中的腥味儿来自海鲜。可是，腥味儿的真正来源，是二甲基硫醚这种挥发性硫化物。

在海洋中，生活着很多细菌。在浮游生物和海藻等死亡之后，这些细菌便会前来吞噬腐败物质。在这个过程中，它们会不断释放出二甲基硫醚。这种物质在常温下呈液态，会散发出像海鲜一样的特殊气味。

研究发现，二甲基硫醚是海洋排放的主要挥发性硫化物。海风中的腥味儿，其实就是它们稀释之后的味道。

## 大陆几乎都呈三角形，这是为什么？

仔细观察世界地图的话，你就可能发现，几乎所有的大陆都呈三角形。对这种现象出现的原因，至今都没有权威的解答。很多人觉得，这也许只是一种巧合。

也有一些科学家在大陆漂移学说的基础上提出了“碎块学说”，以此来解答大陆几乎都呈三角形的疑惑。

碎块学说的观点是，现在我们看到的每块大陆，其实都是由一系列大小不等的陆地碎块拼接而成的，而且拼接过很多次。

科学家推测，大陆块漂移的过程可能是先分裂后拼接，在多次的分裂和拼接之后，最终呈现出如今的状态。之所以呈现三角形，是因为三角形相对稳固，且拼接的选择更多。

## 离地心最远的地方是哪里？

世界公认的第一高峰，无疑是珠穆朗玛峰。那么，离地心最远的地方是不是它的峰顶呢？很遗憾，答案是否定的。

人们经过认真的测量之后发现，位于南美洲的钦博拉索山的峰顶才是离地心最远的地方。是不是觉得很诧异？怎么会这样呢？

实际上，这和地球的形状有十分紧密的联系。

看地球仪的话，感觉地球是一个近似圆形的球体。可是，经过人造卫星的测定，科学家发现，地球是一个南大、北小、中间鼓起的梨形体。

钦博拉索山位于厄瓜多尔中部，海拔 6310 米，是一座圆锥形的死火山。它正好处于地球“中间鼓起”的位置，所以从距离上说，它的峰顶距离地心的距离较之珠穆朗玛峰的就更远一些。具体说来，两者之间的差距为 2000 多米。

也就是说，如果不是以海平面作为参照物，而是以峰顶到达地心的距离来计算的话，那么“世界第一高峰”的头衔就要属于钦博拉索山了。

当然，随着地壳运动的不断进行，珠穆朗玛峰的高度也在不断变化，说不定有一天，它的峰顶就会变成离地心最远的地方。

## 河水不断流进大海，海水为什么没有变淡？

海水很咸是因为盐的存在，这一点相信大家都知道。根据相关数据计算，每 1000 克的海水里，大概有 35 克盐溶在其中。如果世界上的海水全部蒸发掉的话，地球表面将会留下大约 15 米厚的盐层。

那么，海水里的盐是从哪里来的呢？实际上，这些盐分开始是蕴藏在地层里面的。下雨的时候，雨水会将地层里的盐分溶解掉，这样盐分就随着河水流到海里。河水在流动的过程中及流入大海之后，阳光的强烈照射作用会让水分逐渐蒸发，而盐分却越积越多。

这种现象已经存在了几亿年，尽管河水不断流进大海，但是海水中的盐分一直在不断增加，所以海水在慢慢变咸。

那么，蒸发的水分到哪里去了呢？蒸发的水分最终会变成雨水，再次掉落地面，并又一次在将地层里的盐分溶解掉之后流进大海。在这样的循环往复中，大海中的水分没有增加多少，但是盐分一直在不断增加，所以海水也就变咸啦！

PART 08

# 十五分钟漫话世界历史

## 宦官就是太监？

在很多影视剧中，太监被称作“公公”；也有人认为，太监也可以被称作“宦官”。实际上，太监和宦官并不能画等号。

在中国历史上，宦官出现的时间很早。春秋战国时期，各诸侯国基本都设有宦官一职。那时候的宦官，通常由贫困百姓家的年幼子弟，或由被处以宫刑的罪人来担任，而且大部分都只是一般的奴仆，只有少数宦官在帝王身边服侍。也就是说，最初的宦官，并不是只能由阉人来担任的。

汉代之后，这种情况发生了变化。据说，汉武帝平定匈奴之后，考虑到皇宫内廷都是女人，为了避免出现秽乱的事情，便规定在内廷当值的宦官都由阉人担任。到这时，宦官还是叫“宦官”，并不叫“太监”。

隋唐之后，朝廷设置内侍省这一部门，部门领导被称作“监”或“少监”，其中地位比较高的人被称作“太监”。可见，太监最初也只是一个职位而已，与宦官的含义还不相同。

到唐高宗时，朝廷规定只有宦官才能担任太监、少监的职务，所以宦官与太监逐渐画上了等号。

到了明代，由于宦官的权势日渐庞大，地位日渐提升，人们才逐渐将宦官尊称为“太监”。

由此可见，从宦官到太监的缓慢变化，背后隐藏的是地位的不断变化。这两个名词，并不是始终都是同一类人的代名词。

## “孟姜女哭长城”确有其事？

“孟姜女哭长城”的故事，很多人都曾听过。在戏剧、歌谣、诗文等艺术形式中，也都能看到这个故事的影子。

这个故事家喻户晓，可是它并不是真实的历史事件。不过，范喜良和孟姜女的原型是存在的。

据记载，春秋战国时期，齐国人杞梁在一次战斗中不幸阵亡，他的妻子无所依靠，于是在城下痛哭十天，没想到将城墙哭塌了。后来，这个故事在流传中不断演变，最终变成了“孟姜女哭长城”的故事。

很多人认为，人们之所以会把发生在春秋战国时期的故事与秦始皇修长城联系起来，是因为人们对修长城带来的繁重徭役和家破人亡的悲剧十分不满。

## 古代犯人被斩首，为什么要在“午时三刻”？

在古装电视剧中，犯人常常会在“午时三刻”被问斩。这种说法让很多人心生疑惑：为什么斩首要选在一个固定的时间，而且一定要在“午时三刻”呢？

要回答这个问题，首先要从古人的计时方法说起。古时候，人们将一昼夜划分为12个时辰100刻，将“午时三刻”换算为现在的时间，大约就是中午12点。

“午时三刻”通常是人一天中精神比较低迷的时刻，在这个时候处决犯人，犯人能感受到的痛苦会少一些。从这个角度来说，选择在这个时间将犯人斩首，是人道主义的体现。

## 哪场战争是历史上持续时间最短的？

众所周知，迄今为止世界上持续时间最长的一场战争始于 1337 年，终于 1453 年。这场爆发于英国和法国之间的战争，前后持续了 100 多年，因此也被称作“百年战争”。

那么，历史上持续时间最短的战争又是哪一场呢？说来有趣，这场战争与英国也有关系，它就是英桑战争。

早在战争爆发之前，德国和英国就对桑给巴尔这个小岛的控制权存在一些纠纷。19 世纪 80 年代末至 90 年代初，亲英的哈马德·本·杜威尼成为桑给巴尔国王，因此英国实际控制了这个小国。

后来，哈马德·本·杜威尼逝世，哈立德·本·巴伽什在德国的帮助下成为新的国王。英国对此非常不满，于是要求哈立德·本·巴伽什退位。巴伽什拒不退位，并组织军队抵抗。于是，英桑战争爆发。

关于这场战争持续的时间，一说是 45 分钟，一说是 38 分钟，总之是都没到 1 个小时。这场战争的结果显而易见，最终以英国大胜而告终。

## 埃菲尔铁塔差点儿“夭折”？

埃菲尔铁塔是法国巴黎的标志性建筑，很多人来到巴黎后，都要在铁塔下面拍下美丽的照片当作留念。

可是，这座闻名遐迩、风光无限的建筑，在建设初期曾遭众人反对，几乎遭受“夭折”的厄运，这一点你能想象吗？

1887 年 1 月，埃菲尔铁塔正式开工建造。可是，仅仅 1 个月之后，巴黎文学艺术和建筑界便对这一工程发起了声势浩大的抗议活动，包括著名作家莫泊桑在内的 300 多名著名人士先后在抗议书上签字。受众多名人的影响，巴黎民众也参与到抗议活动之中去。

他们认为，埃菲尔铁塔的设计风格和建筑材料与巴黎的历史地位极为不符，也与其他著名建筑的风格差距过大，会破坏巴黎这座城市的整体美感。

但是，建造工程并没有因为反对的声音而停下来。设计师埃菲尔回答了记者的一系列问题，逐渐让公众消除了疑惑，令反对之声逐渐减小。

最终，埃菲尔铁塔于 1889 年顺利建成，并成了世界闻名的标志性建筑之一。

## 明朝共有十六位皇帝，为什么只有十三陵？

十三陵是位于北京市昌平区的一个重要景点，这里埋葬了明朝的十三位皇帝。也就是说，十三陵其实是明朝历代皇帝的陵墓。可是，明朝一共有十六位皇帝，另外三位皇帝为什么没有被埋葬在这里呢？

明朝开国皇帝朱元璋最初建都于南京，因此他死后就被葬在了南京的明孝陵；明朝第二位皇帝朱允炆在靖难之役中不见踪迹，所以没有坟墓；明朝第七位皇帝朱祁钰在英宗被俘之际登上皇位，后来英宗归位，朱祁钰被废，英宗不承认朱祁钰是皇帝，便在其死后以亲王的礼遇将其葬在北京西郊的玉泉山。

所以说，明朝十六位皇帝中，只有十三位被葬在了十三陵。

## 古埃及的法老究竟是什么人？

我们都知道，金字塔是埃及的代表性建筑。金字塔是古埃及法老的陵墓，这一点大家几乎都知道。可是，法老究竟是什么人呢？

“法老”其实是人们对古埃及国王的尊称。从本意上说，“法老”的意思是“大房子”，最初指代的是王宫。后来，“法老”逐渐被用来指国王，并成为一种尊称。

法老是古埃及的掌控者，他们掌握着军政、司法、宗教等大权。作为专制君主，他们的意志就是法律，在任何场合都高人一等。他们自称太阳神之子，拥有至高无上的权力，让民众像崇拜神一样崇拜他们。

## 没有身份证的古代人，如何证明自己的身份？

大家都知道，身份证可以证明一个人的身份。可是，古代人并没有像现代人一样的身份证，那么他们是怎么证明自己的身份的呢？

在古代，普通人只要用书信或信物就能证明自己的身份。而一些身份相对特殊和重要的人，则要用正规的证件才能证明自己的身份。

通常来说，古代官员上任的时候，需要带上敕牒和告身。敕牒是朝廷颁发的委任状，上面盖着大印，往往难以作假；告身则是用来证明官员本人身份的凭证，也是由专门机构制作的。在告身上，不仅要写明官员的籍贯、年龄等，还要写明主要的形貌特征。

除此之外，古代官员还可以用其他凭证来证明自己的身份。比如，唐朝官员们都配有一枚“鱼符”，上面刻有官员的姓名、品级等；宋朝官员配的则是“牙牌”，用兽骨、金属等制成。

## 秦始皇为什么要“焚书坑儒”？

秦始皇统一天下之后，为了推行全国统一的制度、思想等，想尽了各种办法。在这之中，有一项颇具争议的举措，那就是“焚书坑儒”。

很多人对秦始皇的这一举措并不理解，认为他的做法给文化的传播带来了极大的阻碍。从最终的后果来看，“焚书坑儒”确实让很多文化成果遭受了灭顶之灾。

对一个国家来说，各方面的统一非常重要。政治结构、文字、度量衡等，秦始皇可以借助国家机器进行统一。可是在思想层面上，由于“百家争鸣”的局面并未结束，所以思想领域的混乱可想而知。

可是，一个国家想要长足发展，国民拥有共同的价值观是十分必要的。秦始皇正是意识到这一点，才采取了“焚书坑儒”的举措。可以说，秦始皇的这一举措的实质是统一思想的运动。

## 项羽和刘邦有什么恩怨纠葛?

刘邦是中国历史上杰出的政治家、战略家和军事指挥家，他出身农家，豁达大度。鸿门宴之后，他被封为汉王，统治巴蜀及汉中一带。

项羽是秦末杰出的军事家。他勇猛好武，早年在吴中起义反秦。后来，他的叔父项梁阵亡，项羽就亲自领兵，最终灭了秦朝。

在这之后，项羽和刘邦分别率领部队，展开了历时四年的楚汉之争。项羽刚愎自用；而刘邦知人善任，又能采纳各方意见，最终成功击败项羽，赢得了楚汉之争，统一了天下。

## 中华上下 5000 年，5000 年是如何计算的?

中华文明历史悠久，是世界古老的文明之一，而且是一直延续没有中断的文明。由此看来，中华儿女确实有骄傲的资本。

我们常说“中华上下 5000 年”，那么这个 5000 年是如何计算的呢?

按照一般的观点，“上下 5000 年”的起点是夏朝。根据目前已有的考古成果来看，已经确定夏朝起始的年份约为公元前 2070 年，而从黄帝到夏朝建立大约是 1000 年，这样来计算的话，中华文明已经有 5000 多年的历史了。

PART 09

# 穿越宇宙，流浪地球

## 宇宙本身是什么颜色的？

在大多数情况下，当我们望向天空的时候，天空的颜色都是美丽的蓝色。那么，蓝色是宇宙本来的颜色吗？

稍微理性地思考一下，我们就会知道，这个问题的答案是否定的。

宇宙的颜色应该是所有发光体发出的光线综合起来的颜色。在宇宙范围内，可见光光谱应该是所有星系光谱的综合，而星系的可见光光谱就是所有恒星的可见光光谱的综合。那么，在理论上，将所有的光谱综合起来之后，宇宙的颜色应该是白色的。

但是，恒星可见光的颜色会受到星球年龄和温度的影响，在不同的情况下，可见光会呈现红、黄、蓝等不同颜色。所以，宇宙的颜色不会是白色。

2002 年，美国的两位天文学家通过分析研究之后，宣布宇宙的颜色是“一种比淡淡的青绿色稍绿一点的颜色”。

这一结论引起了轩然大波，因为这一结论与我们平时看到的宇宙的颜色差距太大了。

几周之后，美国天文学会再次表态，承认在之前的计算中犯下了一个错误，导致结论有误。正确的结论应该是宇宙的颜色是“一种比较沉闷阴暗的褐色”。

在这之后，两位美国科学家宣布，宇宙的确切颜色应该是类似奶油的米色。为了得到更加确切的颜色名称，他们甚至邀请各界人士为宇宙颜色定名。

据说，一共有 300 多人参与其中，他们给这两位科学家回复的电子邮件中，颜色的名称也是五花八门。有“大爆炸米色”“银河金色”“宇宙土色”“天文杏仁色”等。

最后，“牛奶咖啡色”这个名字脱颖而出，成为获选者。

## 躺在轨道上运行的行星是哪颗？

在这个丰富多彩的世界中，有很多事情是无法一概而论的。对于那些可以形成某种规律的事物，我们可以用常规的视角去看待它。可是，有些事物难免出现特殊情况，对这些事物，我们则无法用常规的视角去看待。

实际上，不仅在我们的生活里，在浩瀚的宇宙中，同样有一些特殊的存在。在行星世界里，也有比较特殊的行星。

我们都知道，行星都有自己运行的轨道，它们在各自的轨道上公转和自转。在太阳系中，几乎所有的行星都遵循自转轴与公转轨道面接近垂直的规律运动，只有天王星与众不同。天王星的自转轴与公转轨道面几乎是平行的，赤道面与公转轨道面的交角为 97° 左右，也就是说，它几乎是躺在轨道上绕着太阳运行的。

天王星的公转轨道是一个椭圆，轨道半径的长度是 29 亿千米，绕太阳公转 1 周大约需要 84 个地球年。

天王星这样运动带来的结果是：天王星上的春秋两季及昼夜交替的时间都很短，而冬夏两季则十分漫长。当天王星的南半球对着太阳时，南半球始终处于夏季，北半球则始终处于冬季。

## 宇宙中哪儿最冷？

地球上最冷的地方是南极，相信很多人都已经知道了。

那么宇宙中最冷的地方是哪里呢？不知道你是不是知道答案。

在宇宙空间中，比地球南极冷的地方有很多。

比如火星南极。火星南极的最低温度可以低到 −110℃，这么低的温度使得空气中的二氧化碳都变成了干冰，导致火星大气压降低了 1/4。

比如冥王星。即便在温度较高的夏季，冥王星上的温度也在 −200℃左右。这颗行星上的空气几乎都被冻结住了，覆盖在地表上。

可是，即便火星南极和冥王星上如此寒冷，它们也不是宇宙中最冷的地方。

在自然状态下，宇宙中最冷的地方是布莫让星云。

布莫让星云被称作“宇宙冰盒子”，最低气温能低到 −272℃，仅比绝对零度（−273.15℃）高出一点点而已。

绝对零度是个什么概念呢？它是自然界中温度的临界状态，一旦温度低到绝对零度，就连原子都会停止运动。

由此不难看出，布莫让星云冷到了什么程度。在这里，是很难存在生命的。

## 为什么六月会飞雪？

在关汉卿的《窦娥冤》中，有一幕六月飞雪的场景，它说明窦娥是被冤枉的。以至于在受到冤枉的时候，人们总说“我比窦娥还冤”，还期待天上能飘下大雪，以证明自己确实身背冤屈。

那么，在现实生活中，真的会有六月飞雪的情况吗？

在古代的一些文字记录中，确实出现过六月飞雪的反常现象。比如在周代的《六韬》一书中，就有“六月降雪一尺，五谷不登”的记载。

在《汉书》中，也有关于这方面的记载：元帝永光元年（前43），从农历三月到九月，一直是雨雪天气，太阳无光，庄稼无收，天下大饥。

那么，为什么在夏季会有长达数月的寒冷天气呢？这种现象是如何产生的呢？

一部分科学家认为，出现这种情况的主要原因是大规模的火山爆发。火山爆发时，喷出的火山灰往往可以达到数百万吨。如果很多火山同时爆发，就会有大量的火山灰上升至大气高层，随着气流飘移到世界各地。一连几个月，太阳都有可能被火山灰遮蔽起来，以至于很多地区出现冬季天气。

相关研究发现，中国古代发生的夏天下雪的情况，确实与火山大爆发存在一定的联系。这种现象也有自己的名字——“火山冬天效应”。

实际上，在更遥远的远古时代，六月飞雪的情况更常见，因为那时的地质结构更加不稳，所以火山爆发的频率也更高一些。

## 黑洞很黑吗？

说起黑洞，人们总会产生一种神秘的感觉。其实，不光普通人有这样的感受，对科学家来说，黑洞也是一种需要认真研究的天体。

黑洞的引力场十分强大，以至于即便是光被它吸引进去之后，都无法逃脱出来。广义相对论中提出，时空会在引力场的影响下发生弯曲。而半径越小的恒星，引力场越大，它对周围时空的影响也就越大。

一旦恒星的半径小到一个特定值（史瓦西半径），那么即便是垂直表面发射的光也会被捕获。这个时候，恒星就变成了黑洞。说它“黑”，并不是因为黑洞里面是黑色的，而是因为一个个黑洞就像是宇宙中的一个个无底洞，不管什么物质被吸引进去，都无法逃脱出来。

科学家研究的结果表明，当一颗恒星衰老时，就意味着它的热核反应已经难以为继，这就使得它没有足够的力量去支撑起外壳的巨大重量。这样一来，恒星的核心便会不断坍缩，直至最后与外壳重新达到平衡为止。一些质量较大的恒星，有可能会变成中子星。

还有一些星体，由于核心质量过大，坍缩活动持续不断地发生，以至于连中子间的排斥力都无法阻止。所以，这些星体最终会变成比中子星密度更大的天体——黑洞。

可见，黑洞的出现，也是恒星不断变化的结果之一。在黑洞附近，我们现在使用的一些物理学定理，都会失去意义。

## 宇宙中会不会出现第二个太阳？

在浩瀚的宇宙中，太阳只是诸多恒星中的普通一员；但是对于生活在地球上的生物来说，太阳是继续生存下去的保障。对于人类来说，研究太阳显然具有十分重要的意义。

太阳既然是恒星，就会像其他的恒星一样，最终走向衰老和死亡。到那个时候，宇宙中会不会出现第二个太阳呢？

通常来说，行星想要转化成像太阳一样的恒星，至少需要满足两个条件：一是本身是气态的球体；二是内部发生核聚变，进而释放大量能量。

通过近年来对木星的考察和研究，科学家发现：木星内部很热，最高温度或许可以达到 30500℃。它能散发出的热量，几乎是从太阳那里吸收的热量的两倍。正是这些热量，使得木星可以一直维持着气态形式。也就是说，木星转化成恒星的第一个条件显然已经满足。

但是，木星想要变成第二个太阳，还需要满足内部发生核聚变这一要求。想要发生这种核聚变，也要满足两个条件：高温和高压。

木星内部温度极高，所以高温这一前提条件已经满足。

但是想要提高压力，就只能通过增加质量来实现了。木星想要变成恒星，至少需要将质量提升到目前质量的 800 倍，才能达到发生核聚变所需的高压条件。

目前看来，木星短时间内增质的难度很大。可是，木星一直在不断捕获各种宇宙物质，使得自己的质量在缓慢增加。而太阳呢，则在不断释放能量，导致其质量不断减少。

此消彼长之下，在几十亿年之后，木星的质量很有可能会满足成为恒星的要求。到那个时候，宇宙中就真的会出现第二个太阳了。

## 行星上会有钻石山?

钻石的价值，很多人都知道。由于珍贵而稀少，所以钻石的价格一直居高不下。

在地球上，钻石的存储量有限，再过若干年，或许后人就没有钻石可以开采了。那么，在宇宙中，有没有可以开采的钻石呢?

科学家对天王星和海王星进行了深入研究，结果发现，在这两个行星表面都极有可能存在一大片液态钻石海洋。以往探测到的“冰山”，竟然是浮游巨钻!

之所以得到这一结论，是因为科学家对钻石熔点进行详细研究之后发现：在钻石从液态逐渐变成固态的时候，已经变成固态的钻石并不会沉入底部，而是会像冰山浮在海水上一样，漂浮在液态钻石上。

大家都知道，钻石的结构非常稳定，想要熔化它，需要在特定的高温和高压下才能实现。钻石熔化所需要的特殊环境条件，海王星和天王星恰恰都可以提供；再加上对这两颗行星已有的研究结果及它们的形态，所以科学家认为在海王星和天王星上存在钻石海的可能性极大。

当然，这个结论只是根据现有的情况做出的推测，想要证实这个推测，还需要科学家们进行更多的探索和研究。

## 星星为什么会“眨眼”？

“一闪一闪亮晶晶，满天都是小星星。挂在天空放光明，好像许多小眼睛……”

这首童谣相信很多人都曾听过，而且听的时候会认真观察天空，发现星星真的在“眨眼”。也是出于这个原因，很多人才觉得星星很可爱、很美丽，而且想出了很多关于星星的美好传说。

那么，星星为什么会“眨眼”呢？

在地球外围，包裹着一层厚厚的大气层，其中发生的很多对流及热运动，会让大气层各处的温度和密度时刻不停地发生不规则变化。由于这些变化的影响，星光会在传射的过程中发生很多次无规律的折射和聚焦散焦。

还有一种可能是，星光在传射过程中受到了某种阻碍，比如遇到了黑洞，结果导致光线的传射出现了偏移的现象。

所以，当我们抬头看星星时，就会觉得那些光忽左忽右，忽明忽暗，总是不断发生变化，看上去就像是星星在眨眼一样。

## “天上一天，地上一年”只是传说吗？

在很多神话故事和传说中，都会提到天庭的玉皇大帝和各位神仙。还有一种说法是：“天上一天，地上一年。”意思是只要在天庭生活一天，那么凡间就已经过去了一年的时间。

很多人认为这种说法是一种想象，是一种并不科学的说法。但是，如果是在金星上的话，那么这种说法还是很有道理的。

金星虽然被称作地球的姊妹星，可是在很多方面与地球有着明显的不同。比如，金星公转一周大约需要 225 个地球日，自转一周却需要 243 个地球日左右。这样说来的话，金星的一年竟然比一天还要短一些。实际上，在太阳系中，金星也是“一天”时间最长的星球。

## 在太空中会流鼻涕吗？

感冒的时候，我们总是会为不停流出来的鼻涕而倍感烦恼，因为它不仅让人难受，还影响个人形象。那么，如果我们进入太空中，还会为流鼻涕的事情而感到烦恼吗？

解答这个问题其实很简单。我们可以想象一下，在太空中的宇航员是一种什么状态。由于没有重力的作用，所以他们都能浮在空中。

其他的物质到了太空中，也跟人体一样可以悬浮在空中，鼻涕自然也不例外。也就是说，人在太空中，是不会有鼻涕流下来的。如果说鼻涕积在鼻腔里让人感觉难受，那就只好用手将鼻涕擤出来。

所以说，在生病流鼻涕的时候，最好不要到太空去，因为鼻涕积在鼻腔里的感觉是非常难受的。

## 月球正离地球越来越远吗？

月球和地球都在不停地运动，这一点毋庸置疑，大家也都知道。它们各自运动，彼此产生引力，这使得两者可以保持相对稳定的距离。但是，由于各自的运动要受到各种因素的影响，所以它们之间的距离并非一成不变的。

根据天文学家的推算，月球正在以每天 4 厘米左右的距离逐渐远离地球，在未来的某一天，月球或许就不再绕着地球转了。

为什么会出现这种情况呢？有的人认为，这是地球的潮汐现象造成的。

月球对地球上的海水产生引力，使得海水出现潮汐现象。当海水上涨时，地球的自转运动并未停止，这就使得这部分海水会随着地球的自转而转离原来的位置。在转离的过程中，月球在地球万有引力的作用下也会跟着运动，于是月球的运行轨道会发生细小的偏差。

这样日积月累，经过数万年的积累之后，这种细小的偏差最终会变得显而易见。

## 太空中有那么多恒星，为什么还漆黑一片？

看到在太空中拍摄的照片时，我们会发现，太空中的大部分区域都是一片漆黑的。这不禁让人产生疑问：一个太阳发出的光线，已经让地球上的白天十分明亮，为什么拥有那么多恒星的太空却总是漆黑一片呢？

我们都知道，地球外围的大气层中充满空气和尘埃。它们能让太阳光发生折射或反射，这就使得阳光几乎可以照射到每一个角落，也能从不同的角度射进人的眼睛里。正是因为这样，地球的白天才总是亮堂堂的。

而太空呢，则处于真空状态。太空中没有空气，也没有灰尘之类的东西。也就是说，当光线照射出来的时候，它只是沿着直线传播，并没有很多的光线进入人的眼睛。所以我们看到的太空中只有星星点点的光，大部分区域看起来都是黑漆漆的。

## 天真的会塌下来吗？

在中国古代，就有“杞人忧天”的说法。可见，对于天会塌下来的担忧，很早之前就已经有了。

那么，这种担忧有没有道理呢？

对于这个问题，研究人员还真的进行过一番研究。他们根据卫星发回的相关数据，计算出了云层平均高度的变化，结果发现，地球上空的云层高度还真的在一段时间内下降了 30～40 米。如果云层按照这个速度一直下降，那么只需要 1000 年左右的时间，天空就真的要塌下来了。

不过，千万不要担心，在实际情况下，天空是不可能塌下来的。因为真正的天空是一个无边无际的广大空间，我们平时看到的蓝天和白云，都只不过是大气、冰晶、水滴等和阳光共同作用的结果而已。

真正的天空离我们实在太过遥远，相较于这个距离而言，我们站在珠穆朗玛峰峰顶与身处马里亚纳海沟沟底之间的距离差甚至可以忽略不计。也就是说，在地球的任何一个地方，我们与天空的距离几乎都是一样的。这么高的天空，自然不会说塌下来就塌下来。

至于云层有所降低的情况，也完全不必担心。宇宙空间的变化是起伏却趋于平衡的，一段时间内云层会降低，再过一段时间云层又会升高。

## 脚印可以保存一千万年？

在沙滩上留下的脚印，很快就会被海水冲刷不见；在泥浆中留下的脚印，经过大雨的冲洗，也将难以保留；即便是在未干的水泥地上留下的脚印，也会在一段时间之后化为虚无。

在地球上，想要长久留下自己的脚印，似乎是一件难以实现的事情。那么，在太空中呢？脚印会不会留存得更久一些？

这个问题的答案是非常肯定的。至少，当初阿姆斯特朗在月球上留下的脚印，如今依然清晰可见。

这是因为，月球上既没有液态水，也没有空气，脚印自然不会像在地球上一样经受雨水的冲刷和大风的侵蚀。没有风霜雨雪的侵蚀，脚印留存的时间自然会更长一些。

另外，虽然月球表面的温度会发生剧烈的变化，可能导致月球上的岩石逐渐破碎，但是这对月球表面的尘土并没有任何的影响。

可以说，除了太阳风和宇宙粒子流，基本不会有什么因素能破坏阿姆斯特朗在月球上留下的脚印。

而如果只靠太阳风和宇宙粒子流的力量去磨损月球表面的尘土，那几乎要耗费几千万年的时间才能做到。

所以，在月球上，阿姆斯特朗的脚印完全可以保存一千万年。

PART 10

# 我爱科学，科学使我快乐

## 大海会被点燃吗？

说到“一片火海”，我们最常想到的是用它来形容火势猛烈，而很少有人想到真的会有一片燃烧着的大海。

毕竟大海都是水，除非是有石油泄漏的情况，否则点燃大海似乎有些难以想象。

然而，在现实中，真的发生过大海被点燃的情况。

20 世纪 70 年代，印度南部的海港曾遭受一场强台风的袭击。这场台风不仅摧毁了很多人的家园，还让大海被点燃。台风过后，海面上火光一片，映红了整个海港。

对于这个现象，很多人觉得难以理解。都说水火不容，大海怎么会被点燃呢？

气象学家对这种情况进行了研究，最终找到了答案。原来，这场超强台风的风速达到了每小时 200 千米，它在掠过海面的时候，与海水发生了非常剧烈的摩擦，使得海水表面的温度迅速升高，以至于把部分海水分解成了氢气和氧气。

氢气极易燃烧，在与海水摩擦的过程中产生了火花；加上氧气的协助，火花逐渐变成了大火，于是人们看到了一片真正的“火海”。

## 运动场为什么都是南北朝向的？

常常去运动场的人，如果仔细观察的话，很容易就会发现，大部分的运动场都是南北朝向的。

这是偶然的巧合？还是刻意的设计？

当然不是巧合，这里面蕴含着科学的道理。

首先，这种设计考虑到了阳光直射的问题。大家知道，太阳每天都是东升西落的，如果运动场是东西朝向的，那么一天中的任何一个时刻，运动员都会面临被阳光直射的问题，这对他们的训练和比赛都会造成一定的影响。

其次，这种设计与地磁场有一定的关系。在人的身体里，存在生物电流。运动员不断运动的过程中，人体电流产生的磁场会与地磁场发生相互作用。运动场如果是东西朝向的，这种作用会对人体产生更多的阻碍作用，影响运动员的正常发挥；如果是南北朝向的，阻碍作用就会减小很多，有助于运动员发挥出最佳水平。

可见，运动场被设计成南北朝向的，并不是什么巧合，而是遵从科学道理做出的合理选择。

## 飞机竟然害怕小鸟？

和小鸟比起来，飞机堪称庞然大物。可是，飞机在飞行的过程中，尤其是起飞和降落的时候，却很怕小鸟的撞击。这是为什么呢？

原来，飞机的速度很快，一旦与小鸟相撞，就可能产生巨大的冲击力，给飞机带来毁灭性的灾难。比如，小鸟有可能撞裂飞机的挡风玻璃，在巨大的压力下，挡风玻璃可能会破碎，给飞行员操纵飞机带来影响，甚至影响飞行员的人身安全；小鸟还可能撞进飞机的发动机，这会让发动机损坏甚至失火，给整个飞机带来安全隐患。

所以说，小鸟虽然体积不大，但是给飞机带来的损害却十分可怕。尽管飞机撞鸟的概率不高，可是一旦发生，将会对飞机上所有人员的生命造成威胁。

## 视力表上为什么要用字母“E”？

在每个人的生活经历中，几乎都有检查视力这个重要的组成部分。无论是上学，还是参军，对人的视力都是十分重视的。

尤其是现在，随着各种电子产品的普及，越来越多的人开始戴上眼镜，一些孩子甚至从小学就开始与眼镜相伴。

每次检查视力或是配眼镜，视力表都是重要的检测工具。

那么，当看到视力表时，是不是有很多人会想“为什么视力表上都是字母‘E’”这个问题呢?

“E”字视力表是根据视角原理设计的，而且字母“E”共有三条横行，较为容易辨认。

另外，用字母“E”作为图案，除了因为视角原理外，还有一个原因是字母“E”是栅栏式结构的，这种结构除了有助于被测试者清晰地辨识出开口方向外，还能检测出被测试者的眼睛有没有散光。

比如，如果被测试者可以清楚地辨识出向左右开口的“E”，但是无法辨识出向上下开口的“E”，那这个人很有可能眼睛散光。

可见，视力表上选择字母“E”，是有其科学道理的。

当然，在世界范围内，还有很多种字母和图案不尽相同的视力表，但是在中国，“E”字视力表是一直被使用的。

## 自助售货机是怎么识别硬币的？

在很多超市和办公楼中，我们可以看到自助售货机的身影。我们往机器里投入硬币，售货机就能自动识别它的面额。那么，它是怎么做到的呢？

我们都知道，面额不同的硬币，所含金属的种类和质量是不同的，硬币的大小也有所差异。

自助售货机不是验钞机，无法通过扫描的方式来验证硬币真假。可是，在我们将硬币投入售货机之后，它可以通过检测硬币的金属含量和直径等，来判断硬币的面额。

当然，硬币的识别标准已经预设于售货机的电脑系统之中，它决定了售货机能否准确识别硬币。

## 为什么痛哭就会流涕？

形容一个人非常伤心的时候，我们常常会用“痛哭流涕”这个词。看到这个词的时候，很多人的第一反应是想起有的人哭的时候“一把鼻涕一把泪”，所以将“痛哭流涕”里的“涕”当作鼻涕来解释。

于是，有些人就想不明白了，哭是眼睛应该干的活，为什么会和鼻涕扯上关系呢？

实际上，这里的“涕”虽然是从鼻子里出来的，可并不是真正意义上的鼻涕，而是无法全部通过眼睛排出的眼泪。

说到这里，我们需要了解一下眼泪。从医学的角度来说，眼泪是泪腺分泌出来的一种液体，主要作用是清洁我们的眼睛，它在平时也会分泌，只不过由于量少而没有被我们关注到。

当我们痛苦伤心的时候，泪腺分泌的眼泪会大量增加，由于眼睛无法全部利用，于是大部分的眼泪就从我们的眼眶里流出来。还有一小部分眼泪，则进入了我们的鼻腔。

如果我们过度伤心，眼泪的分泌量太大，那么眼睛和鼻腔都要担负起排出眼泪的责任，于是就会出现眼睛流泪、鼻子流“鼻涕”的情况。

也就是说，我们痛哭流涕时，鼻子里流出的也是眼泪。只是因为眼睛无法完全将眼泪排出，所以眼泪只好选择鼻腔作为排出通道。

## 绿色确实有护眼的功效吗？

有一种很流行的说法是，将电脑屏幕的背景颜色调成绿色，可以有效缓解眼睛疲劳，对视力有很好的保护作用。这是真的吗？

到目前为止，还没有科学证据能够支持这一说法。尽管有很多关于绿色能够护眼的文献，可是这些都只给出结论，却没有提出任何能够支持这一结论的证据。

研究表明，在屏幕颜色饱和度较低的情况下，绿色屏幕和白色屏幕对视力的影响是几乎相同的；而屏幕颜色饱和度过高的话，会使得文字与背景的反差变小，令眼睛难以识别文字，反而让眼睛更加容易疲劳。

之所以会出现绿色能够护眼的说法，也许与我们看远处的绿色植物能让眼睛更舒适的经验有关。但是，眼睛之所以感觉舒适，很大程度上是因为距离变远了，而不是绿色在起作用。所以说，与其相信绿色屏幕可以保护眼睛，还不如多看看远处的景物。

## 火山爆发后气候是变冷还是变热？

在世界各地，火山时不时就会爆发一下，让人们感受一下它的巨大威力。

确实，火山爆发带来的影响是巨大的，其不仅会破坏我们的房子、道路，还会对空气质量造成颠覆性的影响。

火山爆发之后，地面会被厚厚的火山灰覆盖，空气中也弥漫着刺鼻的味道。由于大量火山灰和气体进入高空会形成气溶胶，阻挡阳光顺利照射到地面上，所以当地的气温会有一定程度的降低。

科学研究已经表明，大型火山爆发后，确实会出现全球降温的现象。通常来说，火山爆发之后的1～3年，平均气温会下降0.3℃。

科学家同时也指出，这种降温只是短时间内的天气变化，长期来看，天气还是会逐渐变热。这是因为，火山爆发的过程中，会有大量的温室气体排出，这使得地面温度有所升高。这种升温的趋势会持续更长一段时间，所以天气最终会变得更热。

## 测谎仪的工作原理是什么？

在很多谍战或是特工题材的影视剧中，测谎仪出现的频率相对较高。

审讯者借助测谎仪基本可以判断被测试者是否在说谎，以此来作为评判口供是真是假的依据。

这种机器看起来很神奇，其工作原理是什么呢？

对大多数人来说，说谎时总会伴随一些细微的变化，如脸红、心跳加速、眼神游移、不停做小动作等。这些变化是自然而然的反应，通常很难控制。使用测谎仪可以检测这些变化，进而判断被测试者有没有说谎。

测谎仪可以把被测试者身体上发生的每一个变化都详细地记录下来，如呼吸、血压、脉搏等的变化。测试者先是提出一些常规的问题，并以被测试者回答这些问题时的身体变化记录作为判断的基准。当测试者提出另外一些比较敏感的问题时，被测试者回答时的各项指标如果发生了比较大的起伏，那就说明他很可能说了谎；如果没有发生大的变化，那就说明他可能说的是真话。

测谎仪的主要工作原理，就是通过记录被测试者的细微变化来判断他是否说了谎。当然，对一些训练有素的特工来说，测谎仪一般很难发挥作用，因为这些特工经过严苛的训练之后，知道该如何控制甚至改变自己的某种变化。

## 暴风雪杀死草坪？

俗话说“瑞雪兆丰年”，意思是适时的大雪预示着来年庄稼会获得大丰收。

之所以这样说，是因为厚厚的积雪不仅能为庄稼保暖，防止庄稼被严寒冻坏，还能为庄稼提供水分，有利于庄稼成长。

那么，你有没有想过，有的大雪并不会起到保护作用，甚至会将草坪杀死呢？

2010 年，英国经历了 20 年中最寒冷的 1 月份。由于暴风雪肆虐，地面的积雪深达 50 厘米。冰雪消融之后，很多地区的草坪非但没能变得更加碧绿，反而长出了一块块粉色的斑点。

这是怎么回事呢？难道是长出了某种新的植物？

实际上，这粉色斑点并不是美丽的装饰，而是一种名叫“雪腐镰刀菌”的真菌正在大爆发。对草坪来说，这不亚于一场可怕的瘟疫。

雪腐镰刀菌是一种十分狡猾的真菌，它们平时隐藏在草坪中，不会对草坪产生危害。可是，当大雪将草坪覆盖之后，小草间便没有了空气流通的通道。这种缺氧的环境，恰恰适合雪腐镰刀菌滋生。于是，它迫不及待地出来兴风作浪，对草坪造成了致命的侵害。

从某种意义上说，即便暴风雪不是杀死草坪的直接凶手，它也在无形中做了雪腐镰刀菌的帮凶。

## 时光机能带人回到过去吗？

关于穿越的话题，一直备受关注。尽管知道很难实现，但是许多人依然兴趣满满。

试想一下，如果能坐着时光机在现在、过去和未来之间穿梭，那将是多么有趣的一件事啊！

因此，有很多人想方设法地要造出时光机，实现在时光中穿梭的梦想。

那么，如果真的有时光机，是不是能让人在时光中穿梭呢？

爱因斯坦指出，当太空飞船的速度接近光速时，太空飞船里的时间就会比地球上的时间过得慢。如果能乘坐太空飞船飞行 10 年，地球上大约会过去 80 年的时间。

也就是说，如果能制造出飞行速度接近光速的太空飞船，我们或许有飞到未来的可能。那样的话，我们在太空飞船中进行一次长期的太空旅行之后再回到地球时，或许真的能到达几百年以后的未来呢。

可惜的是，我们还制造不出飞行速度接近光速的太空飞船，所以想进行时光穿梭的梦想目前基本无法实现。而且，即便真的制造出飞行速度接近光速的太空飞船，我们也只能去到未来，而无法回到过去。

PART 11

# 奇妙动物夜，形形色色动物大观园

## 温度决定性别？

世界之大，无奇不有。在翻阅各种动物知识时，我们会发现许多超出过往认知的奇妙知识。

鳄鱼是一种十分古老的爬行动物，与恐龙算得上是亲戚关系。它非常凶猛，常以鱼及小型哺乳动物为食。

鳄鱼拥有一项奇特的能力，简直令人大开眼界——鳄鱼孵卵时，可以通过温度来决定鳄鱼幼崽的性别。

鳄鱼每次的产卵数为 40～60 枚，产卵之后，它们会用草或土把所有的卵都盖起来。在孵化的时候，通过控制环境温度，就能孵出不同性别的鳄鱼幼崽。

孵化温度为 28～29℃时，孵化出的就是雌性鳄鱼幼崽；当温度上升到 33～35℃时，则会孵化出雄性鳄鱼幼崽。

因此，鳄鱼妈妈如果想孵化出雌性鳄鱼幼崽，那么可以将卵产在比较凉快的地方；如果想孵化出雄性鳄鱼幼崽，则可以选择将卵产在温暖的树林附近。

这种能力虽然奇特，但并不是鳄鱼独有的。比如海龟和部分蜥蜴类动物，也能通过温度来控制幼崽的性别。

## 长颈鹿是哑巴吗？

在非洲大草原上，长颈鹿是一种十分常见的动物。身材高大的它们，是非洲的名片。它们聚在一起的时候，就是一道亮丽的风景线。

长颈鹿独特的样貌，受到了很多人的喜爱。在很多动物园中，都能看到它们的身影。在观看的过程中，人们发现，通常很难听到它们的叫声。这是为什么呢？难道长颈鹿是哑巴吗？

其实，长颈鹿是有声带的。长颈鹿刚刚出生的时候，一般可以轻松地发出声音。但是随着身体的不断发育，长颈鹿的脖子越来越长，到成年之后，长颈鹿的声带与肺、胸腔、膈肌之间的距离过远，所以它们想要发声十分困难。

而且，长颈鹿在成年之后，由于身材高大，视野宽广，所以很容易发现远处可能攻击自己的动物，并不会轻易遇到危险。再加上它们能用蹄子来对付敌人，所以基本不需要用叫声来提醒同类或是震慑敌人。

可见，长颈鹿并不是不会叫，而是因为发声比较困难且不需要求救，所以通常不会发出叫声。

## 寒号鸟不是鸟？

寒号鸟的故事，很多人都曾听过。

故事内容主要是寒号鸟生性懒惰，不愿在寒冬到来之前做窝取暖，结果活活被冻死了。

这个故事给人的启示是：人不能太懒惰，否则最后遭殃的是自己；只有辛勤劳动，才能创造属于自己的幸福。

也许有人会想：做窝应该是鸟的天性，寒号鸟是有什么难言之隐，才不愿意做窝的吗？

寒号鸟体长 50 厘米左右，体形比松鼠稍微大一点，毛灰褐色，尾巴长且粗，听觉灵敏，肢间有长毛的飞膜，从树梢、山顶往下，可以滑翔几十米的距离。正因如此，古人才误认为它是一种鸟，给它起名“寒号鸟”。

其实，寒号鸟并不是鸟，而是一种哺乳动物，属哺乳纲啮齿目鼯鼠科。它的足和背都呈橙色，因此被称作“橙足鼯鼠”。

寒号鸟生活在山野之中，昼伏夜出，主要以嫩枝和柏树籽为食。它们常在陡峭岩壁上的石洞或岩缝中栖息，要让它们像鸟儿一样做窝，确实有点儿难为它们了。

## 螃蟹为什么总是横着走？

一提到螃蟹，人们总是会想起螃蟹横着走路的“霸道”姿态。很多时候，人们还会用与螃蟹有关的各种谚语和俗语来形容一个人狂妄、霸道的样子。可以说，“横行霸道”几乎成了螃蟹的代名词。

螃蟹为什么总是这么“嚣张”，非要横着走呢？

实际上，螃蟹横行是出于无奈，因为身体结构的特殊性，它们才迫不得已地表现出“霸道”的一面。

螃蟹的身体两侧共长着十只脚，每只脚都由数节组成。它们的关节只能上下弯曲，却不能前后摆动。螃蟹的十只脚可以看成五对，第一对叫螯足，其余四对叫步足。

一般来说，螃蟹头胸部的宽度大于自身的长度。所以，螃蟹在爬行时只能先将身体一侧的步足弯曲，并用足尖抓牢地面，然后将另一侧的步足尽量向外伸展到最远的距离；接着，伸展出去的步足开始收缩，而之前弯曲的一侧步足则随之逐渐伸直，以便把身体推向另一侧。只有这样，螃蟹才能实现前进的目的。

除了身体结构方面的原因，螃蟹横行还有更深层次的原因。

研究表明，螃蟹对地磁十分敏感。从诞生至今，螃蟹由于经历了数次地磁场倒转的情况，所以对方向已经有所迷失，以至于难以分清经纬。为了让自己生存下来，螃蟹干脆不再定位方向，直接选择了横着走。

## 蚂蚁摔不死？

我们都知道，从高处落下时会有极大的冲击力。人如果从高层的楼顶落下，那么必定生命堪忧。

可是，如果是蚂蚁，它们即便是从50层的楼顶落下，也会安然无恙。

蚂蚁那么小的身躯，为什么比人还能承受冲击力呢？这要从地心引力和空气阻力的关系来说了。

一般来说，质量越大的物体，受到的地心引力就越大。蚂蚁的质量很小，因此所受的地心引力也很小。加上它在空气中运动时所受到的空气阻力会抵消一大部分地心引力，所以它下降的速度不会越来越快。

也就是说，当蚂蚁落到地上时，它受到的冲击力并不会太大。这种冲击力不会对它的生命产生威胁，蚂蚁自然不会摔死。

如果从50层的楼顶落下的是一头大象，那么大象毫无疑问会丧命。尽管大象也会受到空气阻力的影响，可是阻力所能抵消的地心引力有限，所以它下落的速度会越来越快，当大象到达地面时，它所承受的冲击力是非常大的。这种巨大的冲击力足以使大象当场丧命。

归纳起来，蚂蚁摔不死的原因，主要在于它的身体极轻，受到的空气阻力能够抵消大部分的地心引力。如果蚂蚁在真空环境中从50层的楼顶落下，那么它也会死去。

## 打蛇是打七寸还是打三寸？

面对蛇的威胁时，有的人会想到“打蛇打七寸”，有的人则会想到“打蛇打三寸”。

在不同的地方，或许是因为风俗习惯不同，所以有了两种不同的说法。那么，这两种说法哪种才是对的呢？

实际上，这两种说法都是有道理的，因为它们具有一个共同点，那就是指出了要打蛇的致命部位。

所谓“三寸”，指的是蛇的脊椎骨上最脆弱、最容易打断的地方。一旦脊椎骨被打断，脊椎骨中的脊髓自然也会受到伤害。这样一来，蛇就会瘫痪，不仅无法直起身子咬人，生命还会受到很大的威胁。

而蛇的“七寸”，指的则是它的心脏所在之处。一旦这里受到攻击，那么蛇必然遭受丧命之灾，它想攻击人也变得不可能了。

可见，无论是打蛇的七寸还是三寸，都是有一定的道理的。遇到蛇的时候，只要打中它的要害部位，就不用担心被蛇咬到了。

当然，蛇的大小和种类有所不同，所以要害部位也是有差异的。在面对蛇的威胁时，千万不能一概而论，而要根据实际情况做出正确的选择。

## 斑马的斑纹是保护色？

斑马是很多人都很喜欢的一种动物，在动物园里，它能吸引到的观众往往很多。

斑马这个名字，与它身上的花纹有着非常紧密的联系。黑白相间的图案，让人感叹生物的神奇和美妙。

斑马身上那炫目的斑纹，会给人留下深刻的印象。它不仅美丽，还能对斑马起到保护的作用。也就是说，斑马身上的斑纹，是斑马的保护色。

通常来说，保护色应该是与环境色相近的，这样才不容易被天敌发现。可是斑马的斑纹如此显眼，怎么能起到保护作用呢？

原来，当一群斑马聚集在一起时，斑马群所形成的斑纹会显得非常炫目，以至于能让想要攻击斑马的猛兽难以集中视线，无法找到想要攻击的目标。

另外，在非洲还生活着一种吸血苍蝇，它们喜欢吸食动物的鲜血。可是，当它们遇到斑马时，往往无计可施。由于吸血苍蝇的眼睛是复眼，所以它们眼中的斑马斑纹就变得像马赛克一样，越是靠近斑马，它们就越看不清楚。这样一来，斑马就能躲过吸血苍蝇的攻击了。

由此可见，斑马的斑纹虽然显眼，但确实可以起到保护斑马的作用。

## 蚊子不吸血就会死？

将房子空置很长一段时间之后，很多人会觉得屋里的蚊子都该饿死了。

因为在很多人的意识中，蚊子是靠吸血为生的，如果家里没有人，那么蚊子活不了多久。

令人遗憾的是，实际情况并非如此。

通常来说，蚊子并不是靠吸血来生存，而是靠吸食植物的汁液来维持正常生活的。

只有在蚊子需要产卵时，它们才会吸食人和牲畜的血。它们吸食的血进到胃里之后就形成了胃血，这些胃血是刺激蚊子卵发育的关键。

相关研究已经表明，蚊子吸血后腹部会变得很大并下坠，这时它的脑神经末梢会受到压迫，于是产生一种能促进蚊子卵发育的激素。在卵发育到一定阶段之后，蚊子就将卵产下。

一般情况下，蚊子的幼虫会生活在水中，待变成成虫之后才飞到陆地上。

蚊子的寿命不长，雌性的为 3～100 天，雄性的为 10～20 天。所以说，如果你几个月不回家，回家后发现家里的蚊子不见了，那很可能不是因为它们饿死了，而是因为它们寿终正寝了。

## 蝎子竟会发绿光？

蝎子是一种毒性很强的动物，万一被它蜇了，严重的会有生命危险。

鉴于这个原因，很多人对蝎子都避而远之。

但是，蝎子并不是只有让人害怕的一面，它还有让人意想不到的美丽一面。比如，蝎子在紫外线的照射下会发出绿色的光。这个你知道吗？

这种现象早就被发现，科学家在后续研究中终于找到了出现这种现象的原因。

其实，这是蝎子在长期进化中获得的一种能力，有利于加快它们逃跑的速度。

生物学家道格拉斯·加芬对蝎子的这种能力进行了深入研究，最终发现蝎子是用自己的尾巴去感受光源的，发出荧光的目的很可能是提升从岩石下逃跑的速度。

道格拉斯的团队最初是用各种颜色的光对蝎子进行测试，结果发现蝎子的尾巴就像它的复眼一样，可以随着光的颜色的变化而变化。

实际上，不光是蝎子的尾巴，蝎子的整个外壳就像一个光的收集器一样，可以把光的信息传递给神经系统。蝎子通过这些信息来探测避难所的位置，最终快速找到可以躲避危险的地方。

## 河马的汗水是红色的？

在很多人看来，河马是庞然大物。在很多关于动物的纪录片中，我们也可以看到，河马几乎没有天敌，基本没有动物能够伤害到它们。

但是，我们常常也会看到，在灼热的阳光照射下，河马的皮肤上经常会凝结着像血一样的红色液体。它们是遭到什么伤害或者生病了吗?

其实都不是，那些红色液体不过是河马的汗水而已。

河马对水有着非常深厚的感情，一天24个小时，它们会有12～18个小时在水里待着。

如果河马在阳光下暴晒的时间过长，它们的皮肤就会干燥甚至开裂，乃至于出现伤口。这个时候，河马体内就会分泌出红色的汗水，以便保护自己的皮肤。

汗水呈现红色，并不是因为其中含有血液，而是因为这是汗水本身的颜色。

而且，汗水刚刚分泌出来的时候并没有颜色，在被太阳晒过之后才会逐渐变成红色。

这种红色汗水比普通的汗水更加黏稠，除了可以防止河马的皮肤因暴晒而开裂外，还能隔离一部分的紫外线，具有良好的杀菌作用。

## 鸵鸟为什么把头埋进沙子里?

鸵鸟将头埋进沙子里的做法，很多人都有耳闻。对这一行为，最常见的解读是鸵鸟是在“掩耳盗铃”。于是，“把头埋进沙子”就成为逃避现实、自欺欺人的另一种说法。

实际上，只要我们愿意开动脑筋去想一想，就不难发现，这种说法存在极大的破绽。如果鸵鸟真的把头埋进沙子里，它还怎么呼吸呢？也许没等危险过去，它就已经窒息死亡了。

所以，关于鸵鸟的这种行为的说法，其实是以讹传讹。

鸵鸟并不是把头埋进沙子里，而是将脖子和头贴在地面上。这样做是为了伪装自己，以免被敌人发现。

在炎热的沙漠地带，阳光照射非常强烈，当地面上升的热空气与低空的冷空气相遇时，就会形成闪闪发光的薄雾。

鸵鸟发现危险来临的时候，往往会将身体缩成一团，这样它暗褐色的羽毛看起来就像石头或灌木丛一样。它们将脖子和头贴在地面上，由于得到发光的薄雾的掩护，所以鸵鸟整体上更不容易被敌人发现。

也许最初看到鸵鸟这种姿态的人，也是受到薄雾的影响，才误认为鸵鸟是将头埋进了沙子里。

## 蜘蛛丝比钢筋还强韧？

蜘蛛是一种十分常见的动物，在家里、林间，我们都能看到它们的身影。它们总是辛勤地织网，一圈又一圈地来来去去，似乎从不知道疲惫。

很多时候，我们看到的蜘蛛网都是完整而紧密的，即便下大雨，蜘蛛网也很少被雨水淋坏。可见，蜘蛛网的韧性非常高。

但是，如果说蜘蛛网比钢筋还强韧，是不是有点儿过于夸张了？

你要是真的认为夸张，那就有点低估蜘蛛和它织的大网了。蜘蛛网虽然看起来细细的，可是它远比很多人想象的要结实得多。

在南太平洋，就有这样一种蜘蛛，它们织出的网，就像渔网一样结实。单从强度方面来说，这种蜘蛛丝比钢筋更加强韧。假如蜘蛛网中的主干丝能够像铅笔那样粗，那么其强度足以固定住一架正在飞行的喷气式飞机呢。

PART 12

# 氧气制造机，了不起的缤纷植物

## 水稻也要睡觉吗？

对于人类来说，每天白天工作、学习，到了晚上就要上床睡觉，让自己的大脑得到休息。毕竟我们不是机器，需要通过睡觉来补充精力。

不仅是人类，其实所有的动物都需要通过休息来养精蓄锐，为第二天的劳作提供能量。

动物有活动消耗，所以需要补充能量。在水田中“站立”着的水稻，似乎没有什么消耗，它们也需要睡觉吗？

一条穿过稻田的高速公路建成之后，人们拍手庆祝。可是，细心的农民发现，在高速公路通车之后的连续几年里，高速公路周边的水稻产量都不如其他农田的水稻产量高。

按照常理来说，水稻生长的过程中，需要进行光合作用，而24小时不间断的光照，会为光合作用提供足够的光。这样的话，水稻的产量应该是有所提高，而不是下降才对。

于是，农民们请来专家研究这一奇怪的现象。专家给出的结论是，高速公路上通宵亮着的路灯，是造成水稻减产的罪魁祸首。

原来，水稻的光合作用并不是24小时都能进行的。在夜间，水稻也需要休息，进入睡眠状态。而通宵亮着的路灯，使得水稻无法睡眠，导致生长过程紊乱，造成产量下降。

其实，不仅水稻需要睡觉，很多植物都需要通过睡觉来维持平稳的生长。

比如花生，当它的叶片在黄昏时分开始慢慢地向上闭合时，就意味着它准备睡觉了。还有睡莲花，夕阳西下时，它会闭拢花瓣，慢慢进入睡眠状态。

## 没有叶子的树也能活？

植物想要生存下去，需要依靠光合作用，树木当然也不例外。而且，树木越高大，越需要更多的营养，需要进行的光合作用也就越多。

从这个角度上来说，如果树木没有叶子的话，想要成活是非常困难的。

那么，树木一定要有叶子才能活下去吗？这个问题的答案显然是否定的。

在这个世界上，有不需要叶子也能成活的树，而且不止一种。

比较常见的几种，有木麻黄、梭梭树、光棍树等。

木麻黄是一种常绿的被子植物，最高可以长到 20 米高。小枝比较细软，呈灰绿色。小枝上有很多退化的鳞片状叶。虽然没有叶子，但是灰绿色的枝条可以进行光合作用。

梭梭树是一种耐旱的多年生木本植物，可以长成 1～9 米高的落叶灌木或小乔木。枝干较为粗壮，呈绿色。枝干上有退化的鳞片状叶。它同样是通过枝干进行光合作用的。

光棍树是一种灌木，高度一般为 4～9 米。枝条碧绿、光滑、有光泽。它也是通过枝条来完成光合作用的。

可见，树木的生长确实离不开光合作用，在没有叶子的情况下，树木的枝条可以代叶子完成光合作用，所以没有叶子的树木也能存活下来。

## 木头一定能浮在水面？

在很多人的印象中，木头总是浮在水面上的，当遇到溺水危险时，一根木头对很多人来说就是活下去的机会。

通常来说，木头能够产生的浮力，是可以拯救一个落水的人的。但是，如果落水的人不幸选择了一根砚木，那么很遗憾，他很可能会跟着木头一起沉入水底。

这并不是耸人听闻，而是真实存在的事情。

砚木是热带石灰岩地带特有的植物，分布在中国广西南部、云南东南部和越南北部的深山密林中。它的木质非常坚硬，密度很高，硬如钢铁一般。因此，当地人称这种树为“钢铁树”。砚木如果落进水中，很快就会沉到水底。

砚木具有抗压性强、耐腐性强、可塑性强、防虫性好等优点，所以在造船、造家具等领域都有广泛的应用。为了获取较高的经济利益，人们对砚木过度砍伐，导致这种树木的数量不断下降，已经处于濒危的状态。

## 植物不喜欢绿色？

看到绿油油的植物，我们头脑中浮现出的词语常常是“春意盎然”“生机勃勃”等。看到这些词语，人们总会觉得充满活力。绿色似乎就是生命的颜色。

可是，你有没有想过？我们如此喜爱的绿色，竟然是植物最不喜欢的颜色。

既然不喜欢绿色，为什么还要长出绿色的叶片呢？

我们都知道，植物需要叶绿素进行光合作用，可是叶绿素偏偏不喜欢绿色，这也是植物不喜欢绿色的主要原因。

植物进行光合作用时，需要吸收足够的阳光。在阳光中，有七种常见的可视光线，分别是赤、橙、黄、绿、青、蓝、紫。吸收可视光线时，叶绿素常常会将绿色排除在外，使得绿色基本都被反射了出去。

我们之所以看到植物呈现绿色，是因为反射出的绿色可视光，而不是因为植物喜欢绿色，将自己进化成现在这个样子。

## 关于植物血型，你知道多少？

人类的血型主要有 O 型、A 型、B 型和 AB 型四种，这是目前的共识，也是大部分人都知道的常识。

然而，如果说植物也被发现有血型，你会觉得惊讶吗？

日本警察研究所法医山本茂在侦破一起凶杀案时，不经意间发现一个枕头上有微弱的 AB 型血的反应，可是，令人疑惑的是，这个枕头上一点血迹都没有。

为了弄清事情的真相，山本茂对枕头进行了全面的检测，结果发现，竟然是枕头里的荞麦皮显现出 AB 型血的特性。

这个偶然的发现，让山本茂对植物血型产生了浓厚的兴趣。在对 150 多种蔬菜、水果和 400 多种植物的种子进行检测之后，他发现其中的 80 多种发生了血型反应。其中，半数以上是 O 型，其余的则为 B 型和 AB 型。

于是，经过大量的检测和实验之后，山本茂首次向世界宣布了自己的研究结果，那就是植物也有血型。

## 大树也会笑？

人类需要表达快乐的情绪时，笑是常用的方式之一。而且，笑的方式有很多种，微笑、大笑等，都是用来形容笑的。

除了这些外在的表现外，一些人有时也会将自己的快乐情绪隐藏起来，虽然心情快乐，但是不会在脸上表现出来。这种内在的表现，说明人们可以控制自己的情绪，对笑的表达也能有所掌控。

其实，有些动物也会有快乐的情绪，只不过它们的笑与人类的笑有差别，所以人类有时理解不了。

动物会笑都让人如此难以想象，那么植物如果会笑，是不是更让人感觉惊讶呢？

在非洲东部国家卢旺达的首都基加利，有一个芝密达兰哈德植物园。在这里，就生活着一种会发出笑声的树。

笑树是一种小乔木，最高能长到 8 米左右。树干深褐色，叶子椭圆形，每个枝杈间都长有一个形状像铃铛的皮果。皮果里长着很多能够滚动的像小滚珠一样的皮蕊，皮果的壳上则有很多像斑点一样的小孔。每当微风吹起，皮蕊在皮果里滚来滚去的时候，皮果就会发出像人的笑声一样的声音。

当地人发现笑树的这一奇特声音之后，便把它种植在田边。鸟儿想到田里采食的时候，听到阵阵笑声，以为是人来了，便会直接飞走。就这样，笑树成了农作物的“保护神”。

## 在树上挖洞就能取水?

水是生命之源，任何生物离开水，都很难长期存活下去。尤其在茫茫大沙漠中，如果没有水，人们将会有生命之虞。

于是，人们在踏进干旱之地之前，总会带上足够的饮用水，以此保障生命所需。那么，植物是如何储存水分，以备不时之需的呢?

在南美洲的巴西高原上，生活着一种样子很像巨型纺锤的纺锤树。它的高度可以达到 30 米，两头尖细，中间膨大，最粗的部分直径可以达到 5 米。远远看去，一棵棵纺锤树真的就像一个个插在地里的纺锤一样。

纺锤树之所以呈现这种形态，是因为树中储存了大量的水分。它们在雨季时将水分储存起来，到了旱季时就可以用这些水分供养自己。

根据估算，一棵纺锤树最多能储存 2 吨左右的水。从水量上来说，一棵纺锤树就是一个巨大的水桶，可以为有需要的生物提供充足的水分。

旅行者如果在旅途中将所带的饮用水喝完了，当看到纺锤树的时候，就不需要再为水源发愁了。只要在纺锤树上挖一个小洞，里面储存的水就会源源不断地流出来，解决旅行者的燃眉之急。

## 植物有体温吗？

我们都知道，人类属于温血动物，体温通常维持在 37℃左右。而冷血动物，是对变温动物的俗称。在这个世界上，除了鸟类和哺乳动物，其他动物都属于冷血动物。

那么植物呢？植物也有体温吗？

当然也是有的。基本上每种有形生物都有一定的体温。大多数植物的体温并不恒定，而是会随着环境温度的变化而变化。从这个角度上说，这样的植物可以被称作变温植物。

与之相应的，世界上也有温血植物。科学家发现，这些植物的体温总是保持恒定状态，外界环境无论如何变化，都不会对它们的体温产生影响。

比较常见的温血植物，有以下几种。

（1）葛芋花的体温通常在 38℃左右，即便外界温度只有 15℃，它的体温还是能比较稳定地维持在 40℃左右。

（2）羽裂蔓绿绒的花朵体温能保持在 30℃ ~36℃，即便外界温度降低到 4℃，它的花朵体温依然能保持在这个范围内。

（3）臭菘能为自己构建一个小暖房，即便外界温度很低，它也能很好地控制自己的体温。当外界温度为 9℃时，臭菘花朵内的温度可以达到 24℃；当外界温度只有 −15℃时，臭菘花朵内的温度依然可以达到 15℃。

这些植物之所以能调节自己的体温，主要是为了创造一个舒适的小环境，以吸引昆虫前来，从而提高授粉的概率。

## 树也有性别之分？

通常来说，树都是雌雄同株的。也就是说，大部分的树并没有性别上的差别。但是，银杏树、柳树、桑树等树木的雄花和雌花是分开生长的，它们就是有性别之分的树木，属于雌雄异株的植物。

比如说，雄银杏树上开的都是雄花，而雌银杏树上开的都是雌花。银杏树如果想完成授粉，就必须借助风力或昆虫的帮助，将雄花的花粉输送到雌花的花蕊上，才能最终结出果实。

对于雌雄异株的植物，想要提高它们结果的概率，可以让雄树和雌树之间的距离小一点，这样可以提升它们授粉的概率，它们最终结出果实的可能性会更高一些。

如果把雄树和雌树分开种植，那么这类树木就很难结出果实了。

## 树能灭火？

抱薪救火的故事，大家耳熟能详。在新闻报道中，也看到很多扑救山火的消息。树木能被火点燃，会在大火中熊熊燃烧，这种景象一直存在于我们的头脑之中。

然而在安哥拉的西部，有一种很奇特的梓柯树，它们竟然可以灭火。这种特性让人十分震惊。

梓柯树与其他树木有什么不同？它们怎么能够灭火呢？

其实，梓柯树之所以拥有灭火的能力，全仰仗着它拥有“节苞”这个秘密武器。

节苞呈圆球状，其个头和馒头差不多。节苞的表面密密麻麻地分布着小孔，里面则储存着含有四氯化碳等物质的晶莹液体。节苞很怕光，一旦被光线照到，节苞里储存的液体就会从小孔喷射而出。

我们都知道，四氯化碳曾被广泛应用于灭火器中。虽然四氯化碳后因具有毒性而被淘汰，但是节苞喷出的液体能够将火熄灭是毋庸置疑的。

## 无花果是不是真的不开花？

一听到无花果这个名字，很多人自然而然地会想到这种植物是不开花的。确实，在最初给它起这个名字的时候，人们就是误认为它不开花就能结果。但是，实际上，无花果也是要经历先开花再结果这个过程的。

只不过，无花果开的花与众不同，才让人误以为它不开花。无花果的花托长得很长，是一个朝上包起呈灯泡形的囊；在囊的中央，是它的花轴；雄花和雌花，也长在囊里面。从外面看这个囊，根本就看不到里面的花，所以人们以为它不开花。

无花果可以食用的部分，是花轴膨大形成的假果。它真正的果实，是藏在囊里的一粒粒小颗粒。

## 椰子树是怎么传播种子的？

在海滨城市，常常可以看到一些树干歪斜、倾向水面的椰子树。椰子树上挂着很多翠绿的果实，那就是我们都很熟悉的椰子。

椰子树是一种具有极高经济价值的树木，可以说它全身都是宝。椰汁是很多人都很喜欢的一种饮料，健康且营养丰富；椰肉可以用来榨油、做菜，也能制成椰蓉、椰子糖、饼干等；椰壳可以用来制作各种工艺品，也是制作活性炭的优良材料；椰子树的树干可以当建筑材料用；椰子树的叶子可以用来盖屋顶或编织；椰子树的根可以入药。

椰子树不仅经济价值高，生存和繁衍手段同样十分高明。

椰子树之所以倾向水面生长，就是为了让成熟的果实更轻松地掉进海里面。椰子能在海里漂流很久，被海浪冲上海岸之后，待到气候适宜的时候，它就能生根发芽了。

## 黑色的花为什么比较少见？

在自然界中，我们看到的花通常是五颜六色的，而黑色的花却非常少见。能开出黑色花朵的花，比较常见的有墨菊、黑牡丹等。

众所周知，在同样的条件下，黑色能够吸收的热能是最多的。如果植物开出黑色的花，那么它在接收太阳的光线时，很可能会因为吸收了过多的热能而使体温快速升高。

我们都知道，花都是比较娇嫩的，尤其是花瓣，很容易被高温灼伤。为了避免遭受伤害，植物不断进化，优胜劣汰之后，如今黑色的花就非常少见了。

另外，艳丽的花朵更容易吸引昆虫前来，更有利于花粉的传播，对植物的繁衍有很大的帮助。而黑色的花，通常不受昆虫欢迎，所以开黑色花的植物往往难以完成传粉受精的过程，以至于它们难以繁衍，于是变得越来越少。

PART 13

# 惊掉下巴的人体小秘密

## “啤酒肚”是喝啤酒喝出来的吗？

提起“啤酒肚”，很多人在潜意识中会认为它是喝啤酒喝出来的，所以常常劝那些有“啤酒肚”的人少喝啤酒。

那么，喝啤酒真的会长出“啤酒肚”吗？

科学研究已经发现，“啤酒肚”是包括基因在内的多种因素共同作用造成的，而不是单纯喝啤酒造成的。

研究人员认为，肚子部位的脂肪堆积，很有可能是遗传基因在作怪。由于每个人的基因不同，所以长出“啤酒肚”的可能性也就有所不同。而且随着年龄的增加，长出“啤酒肚”的概率也在不断上升。

除了遗传和年龄因素，还有一些因素会诱发“啤酒肚”。如果年龄很小就有“啤酒肚”，往往是因为营养过剩；如果人到中年才有“啤酒肚”，则很有可能是睡眠质量变差造成的。由于深度睡眠时间变少，激素分泌量随之减少，而激素的缺乏使得体内的脂肪积聚于腹部。

另外一些研究人员认为，男性的脂肪大多存储在腹部，所以男性的肥胖多从腹部开始。再加上各种因素的影响，“啤酒肚”才会变得越来越明显。

## 人的“脸皮”到底有多厚？

日常生活中，常常有人用“厚脸皮”来形容那些恬不知耻的人。那么，这些人的脸皮真的很厚吗？

实际上，人的脸皮和其他部位的皮肤是一样的，都是由表皮、真皮和皮下组织构成的。每个人的脸皮厚度，基本也都是差不多的。

估算来说，表皮的平均厚度为 0.1～0.3 毫米，真皮的平均厚度为 0.3～2 毫米。由于皮下组织中堆积着脂肪，所以胖人和瘦人之间有比较大的差别。但是即便把皮下脂肪算进去，皮肤的平均厚度也只有 1～4 毫米。

实际上，在人体的所有皮肤中，脸皮是比较薄的部分。如果不算上皮下脂肪，1 岁婴儿的脸皮厚度为 0.04 毫米左右，15 岁的人的脸皮厚度为 0.07 毫米左右，35 岁的人的脸皮厚度为 0.1 毫米左右。

可见，人的脸皮并不厚。用“厚脸皮”来形容一个人，也不过是一种调侃的说法，并没有什么科学依据。

## 左撇子更加聪明吗？

一般情况下，大多数人都是用右手写字、拿筷子等，也就是说，我们比较常用的手是右手，所以一些习惯使用左手的人就被称作“左撇子”。

由于左撇子比较少见，所以看到善用左手的人，人们通常会比较惊讶。而且很多人觉得左撇子的头脑比较聪明，觉得常用左手有利于开发右脑。

那么，这个说法有没有科学依据呢？

实际上，早在 20 世纪 30 年代，就已经有科学家开始研究智商和左右手之间的关系了。1933 年，一位心理学家选择了 339 名刚刚入学的大一男生进行智商测试，然后，他又对这些学生的左右两只手进行了力量测试。

研究结果显示，参与测试的大学生的智商，不但和左右手的力量大小没有关系，和两手力量的对比也没有关系。

## 岔气是肌肉痉挛？

跑步的时候，很多人都有过岔气的经历。那种难受的感觉，相信给经历过的人都留下了深刻的印象。

虽然我们称这种现象为岔气，但这并不是身体内的某些气体跑到了不该去的地方，而是侧腹部肌肉发生了痉挛。

人的胸腔和腹腔之间，存在着横膈膜这一特殊的膜状肌肉。人们跑步的时候，会有大量空气进入肺部，这就使得胸腔膨胀起来，因此横膈膜会被迫向下移动。随着横膈膜的不断下移，腹腔空间变得越来越小，腹部肌肉受到的压力越来越大，当腹部肌肉无法承受时，便开始向上挤压横膈膜。在肺部和腹部肌肉的持续“较量”中，人的侧腹部肌肉就可能发生痉挛。

于是，岔气的情况就出现了。

通常来说，出现岔气情况的人，是平时运动量不足的人。由于腹部肌肉得到的锻炼较少，如果猛地进行激烈的运动，很容易给腹肌造成巨大的压力，更容易造成肌肉痉挛。在运动之前做好准备活动，并循序渐进地增加运动量，才能有效避免出现岔气的情况。如果运动时已经岔气，那么可以试着放慢呼吸节奏，逐渐让自己的身体和情绪平复下来。

实际上，不只跑步的时候可能出现岔气的情况，在长时间大笑或大喊大叫时，人的胸腔和腹部肌肉也可能互相“较量”，从而让人的腹部肌肉发生痉挛，也会有岔气的可能。因此，在大笑和喊叫的时候，我们要注意控制其中的度。

## “响屁不臭，臭屁不响”有道理吗？

“响屁不臭，臭屁不响”这句俗语常常被人提起，很多人认为这不过是一种调侃或者推脱的借口，所以只是一笑而过，并未当真。

实际上，这句话是有一定的道理的。至于缘由，下面介绍一下。

一般来说，屁声的大小与气体的量、排出速度及括约肌的紧缩程度都是有关系的。人体内的气体，如果下行的速度比较快，那么在体内留存的时间就会比较短，在下行过程中掺杂其他成分的可能性就比较小，浓度相对会比较低；而且由于速度较快，对括约肌产生的冲击较大，所以屁声会更大一些。

反之，气体如果下行速度较慢，那么在体内留存的时间就会比较长，在下行过程中掺杂其他成分的可能性就比较大，其中含硫气体（臭味的来源）的浓度也会有所上升；而且由于速度较慢，对括约肌产生的冲击相对较小，所以屁声会小很多。

从这个角度来说，“响屁不臭，臭屁不响”还是有一定的道理的。

当然，屁的臭度与它的响度也不是完全成正比的，臭度还要受到食物和肠道状况的影响。

## 喝西北风真能饱吗？

有时候和人开玩笑，我们会说"喝西北风喝饱了"，或者说"气都气饱了"。粗略想一下，还真的有人肚子气鼓鼓的。于是有些人真的认为，生气也能让人感觉饱。

那么，喝西北风真的会让人觉得饱吗？

仔细想一下就会知道，我们进食的时候，食物是从嘴巴来到胃里的，当胃里装满食物时，它会将吃饱的信号发送给大脑。大脑发出指令，我们就不再进食了。

而气体呢，一般是通过呼吸进入人体，最后会进入肺部，而且很快又会排出去，和胃根本没有关系。所以，气体并不能让人产生饱腹感。

当然，我们的肠胃里也会有一些气体进入。但是，无论进入多少气体，它们都不会停留在胃里，而是会一直向下，走到肠道的尽头，最终变成屁离开人体。

可见，喝西北风是无法让人感觉饱的，这不过是一种玩笑话，千万不能当真。如果真的喝下很多西北风，那么肠胃可能就要受大苦了。

## 人是从多大开始有指纹的？

有人说，指纹是一个人独特的身份密码。这话一点儿都不错。指纹是一个人与生俱来的体征，通过指纹就能判定对应的人是谁。

在侦破案件的过程中，利用指纹来寻找犯罪嫌疑人一直是一个非常有效的手段。这是因为每个人的指纹都不相同，指纹是一个人身份的证明。

那么，人是从什么时候开始有指纹的呢？在成长过程中，万一指纹有所变化怎么办？

科学研究结果表明，人在出生之前就已经有指纹了，在胎儿只有 3 个月大的时候，他们就已经拥有了人生的独特密码了。这是因为，胎儿在 3 个月大时就已经开始长出皮肤组织，而且皮纹已经相对稳定。皮纹体现在手指上，也就是胎儿的指纹。随着胎儿的不断成长，指纹会均匀放大，但是它的形状并不会发生变化。

也就是说，从胎儿拥有自己的指纹开始，指纹的纹路和形状就已经固定。在胎儿逐渐成长的过程中，指纹只会按照相应的比例不断放大，却不会有形状上的变化。这一点，已经在实践中得到了证明。

## 打喷嚏时，眼睛是睁开的还是闭着的？

打喷嚏是十分常见的生理现象之一，尤其是在感冒时，人们打喷嚏的次数明显会有所增加。对于这一现象，我们已经十分习惯。可是，不知道有没有人注意过，在打喷嚏的时候，眼睛是睁开的还是闭着的？

打喷嚏的时候，人的面部肌肉通常会收缩起来。这时，人的眼睛就会条件反射性地闭上。

之所以会如此，原因主要有两个。

第一，打喷嚏时要用很大的力量才能把气体逐出体外，在这个过程中，肺内、口腔内、鼻腔内都有很大的压力。如果睁着眼睛打喷嚏，这些压力可能会让泪腺导管受到伤害，甚至导致视神经受到创伤。因此，大脑逐渐形成了“打喷嚏闭眼”的本能反应。

第二，打喷嚏需要精神高度集中才行，闭上眼睛的话，能够尽量减少受到外界干扰的可能。在这样的情况下，喷嚏才不会半途“夭折”。

可见，打喷嚏时闭上眼是长期进化而来的本能，是对人体的一种保护。

## 蚊子咬的包，痒也不要挠？

无论是炎热的夏天，还是稍有凉意的早秋，蚊子总会给很多人带来不适的感觉。尤其是被蚊子咬了之后，鼓起的红包更是让很多人心烦意乱：不挠的话，痒得让人受不了；挠一下吧，却越挠越痒。

为什么会越挠越痒呢？

蚊子把细长的口器插入人的皮肤的同时，会释放一种抗凝血的化学物质。这种物质会阻止凝血反应的发生，为蚊子顺畅吸血提供保障。这种化学物质会对皮肤下的神经末梢产生一定的刺激作用，而且这种刺激信号会通过神经细胞传送至人的大脑。

对被咬的人的身体来说，蚊子释放的化学物质无疑是一种外来物。当大脑收到刺激信号时，它会给身体发出指令，让被咬的人的身体产生免疫反应，于是被蚊子叮咬的地方会出现局部红肿的现象。

当身体的免疫细胞尝试清除这些外来物时，会释放另一种化学物质作为免疫反应的信号。这种化学物质对神经末梢也会产生刺激作用，于是痒痒的感觉就产生了。

当被咬的人感觉很痒时，自然而然地就会伸手去挠。在挠痒的过程中，皮肤受到机械性刺激，引起皮肤下的血管扩张和血流增加。这样一来，越来越多的免疫细胞会聚集过来，从而使得产生免疫反应的范围不断扩大，这会让越来越多的神经末梢受到刺激，于是被咬的人会产生越挠越痒的感觉。

## 阑尾真的没有用？

如今，有这样一种声音，认为阑尾对人来说毫无意义。所以很多人都支持一出生就将阑尾割掉，以免未来受到阑尾炎的折磨。而且，已经有一些国家在做这样的事情：在婴儿出生之后，立刻就把他们的阑尾割掉。

那么，阑尾真的像有些人想象的那样毫无用处吗？

阑尾是人类的一种退化器官，长度一般为7～9厘米。可是，科学研究已经表明，阑尾是一个非常有用的组织。

阑尾中有大量的T淋巴细胞和B淋巴细胞，担负着机体的细胞免疫和体液免疫两大重要功能。一旦发现大肠出现问题，阑尾就会立刻释放淋巴细胞将微生物和细菌杀死，以维持人体机能的稳定性。

阑尾能从肠道内容物中吸收抗原并对这些内容物产生反应，从而构成一个局部免疫系统。它在食物、药物、微生物和病毒抗原的控制等方面，都发挥着巨大的作用。

另外，阑尾中还含有多种消化酶和其他物质，与肠管蠕动及生长有着紧密的联系。

可见，阑尾并不是真的没有用处，它对人体还是有很大价值的。

## 人体内会有核反应？

一说到核反应，人们首先想到的大多应该是“原子弹”“核辐射”等名词。对核反应的巨大威力，人们更是谈之色变。

如果告诉你人体内其实也会发生核反应，你相信吗？

我们都知道，人体是由多种元素构成的，其中自然也有天然放射性元素。只是它们的含量极少，所以我们通常没有在意。

科学研究发现，人体内含量最高的天然放射性元素是同位素钾 -40，其次是碳 -14。这些元素时刻都在进行裂变，这些裂变就是我们常说的核反应。只不过，由于这些放射性元素含量很少，所以人体并不会因此受到伤害。

那么，人体内的这些放射性元素是从哪里来的呢？

研究发现，空气中的碳 -14 等放射性元素会随着空气进入人体，土壤中的钾 -40 等放射性元素会随着人食用的植物和饮用的水进入人体，动物体内的一部分放射性元素也会在人们食用肉类时进入人体。

可见，人体内的放射性元素是由多个渠道积聚而来的。但是，我们也没有必要过分担心，只要人体内的放射性元素含量不超标，人体一般就不会受到负面影响。

## 经常笑会让皱纹不断增多吗？

生活中常常听到“笑一笑，十年少”的说法，意思是说保持轻松的心态，乐观面对生活，会让人看起来更加年轻。

但是，也有一些爱美的人士认为经常笑会让皱纹增多，因此常常极力控制自己的情绪，努力忍住不笑。

那么，这两种观点是矛盾的吗？常常笑真的会让皱纹增多吗？

根据既有的研究成果不难发现，皱纹出现的原因，其实主要有以下两点：

（1）皮肤流失水分过多，导致皮肤由于水分不足而发生萎缩。

（2）皮肤出现老化，皮肤组织中的弹性纤维作用减弱，导致皮肤的拉伸力量大不如前，拉伸不开的皮肤便成了皱纹。

总而言之，出现皱纹并不是因为笑得太多，而是因为皮肤老化以及对皮肤的保养不够。如果想减缓皱纹出现的速度，那么时常给皮肤补水，让皮肤保持饱满状态就可以了。

## 耳朵能动是返祖现象？

我们的耳朵都长在脑袋的两侧，通常来说，不用手去碰触它，它是很难进行自主运动的。但是，也有些人不需要用手帮忙，就能让耳朵动起来。

有的人说这是因为耳部的神经发达，人能够通过神经去控制耳朵的活动。相较而言，另一种说法——这是一种返祖现象——显然更有说服力和可信度。

为什么这么说呢？大家都知道，人是哺乳动物。一般情况下，大部分哺乳动物都能利用耳部肌肉去牵动外耳，以便收集到更多的声音信息。比如，当狗和猫听到主人的呼唤声时，它们就会把耳朵竖起来。

但是，人类在逐渐进化的过程中，由于直立行走让颈部变得更加灵活，所以不再需要靠耳郭的活动来收集声音，这就使得人类耳部的肌肉逐渐退化。人们想让耳朵像以前一样自主运动，已经不那么容易了。

从这个角度来说，耳朵能动还真是一种返祖现象。

## 皱纹是天生就有的吗？

我们都知道，人的岁数越大，皱纹就会变得越多。这是正常的生理现象，谁都没有办法逆转。

人老了长皱纹，主要是因为我们的皮下脂肪逐渐减少，皮下组织也逐渐萎缩，难以将皮肤撑起来。所以年轻时光滑水润的皮肤，到老了就变得塌瘪粗糙，有一层又一层的皱纹了。

不过，千万不要以为只有老了才会有皱纹哦！其实从我们出生开始，皱纹就已经伴随着我们了。只不过，我们没有注意，也没将它们视作皱纹而已。

比如说，我们的嘴唇上就满是皱纹。由于我们的嘴巴总在运动，如吃东西、说话时都要用到嘴巴，所以嘴唇的皮肤更容易老化一些。

其实，换个角度想一想，嘴巴上的皱纹多，对我们也是有很多好处的。比如，正因为皱纹很多，我们的嘴巴才能自由地开合。

## 肚子饿时会咕咕叫，这是怎么回事？

在公共场合，如果某个人的肚子因为饥饿而咕咕直叫，以至于被身边的人听到，那将是非常尴尬的一件事情。

那么，为什么肚子饿了就会叫呢？

原来，当食物在胃中消化殆尽时，胃液仍然在持续分泌，由于胃里已经空了，胃的收缩运动就会逐渐变强，这种强烈的胃收缩运动被称作“饥饿收缩”。

当胃进行“饥饿收缩”时，胃里的液体和吞咽下去的气体便无法在胃里安稳地存在，受到强烈的收缩和挤压，它们一会儿被挤到这边，一会儿被挤到那边，于是肚子里便会产生“咕咕”的声音。

不过，这种声音并不会一直都有，一般情况下只会持续大约半个小时。需要注意的一点是，如果肚子开始咕咕叫的时候还不进食，不给空胃补充食物，而是让这种状态再持续半个小时至一个小时，那么“饥饿收缩”的强度就会逐渐减弱。当“饥饿收缩”停止的时候，饥饿感也随之消失。这种状态就是“饿过头”了。

PART 14

# 引人入胜的心理学怪知识

## 为什么星座分析总是准到让人尖叫？

在进行社交活动的过程中，我们常常会认识一些特别喜欢研究星座的人。很多时候，他们会用星座分析去判断身边的人。一提起什么事情，他们总会说：“你果然是XX星座的，跟星座分析上说的一模一样。”

这些喜欢研究和谈论星座的人，往往对星座分析十分痴迷，甚至认为星座分析也是一种科学，能够用于分析一个人的性格、心理等。

实际上，有些人之所以觉得星座分析准到让人尖叫，并不是因为分析结果真的那么准确，而是因为人们习惯于关注一些自己想要关注的东西，看到星座分析里的一些结论之后，会往自己身上套，总是对号入座。

其实，星座分析只是说了一些很空泛的东西，并没有具体说明什么。人们看到这些信息的时候，往往会关注那些符合自己认知的信息，而忽略与自己认知不符的信息。经过这样的筛选之后，人们自然会觉得星座分析的准确度高到让人尖叫了。

大多数情况下，人们的头脑中都会存在偏见，更愿意接受那些积极、正面的评价，而拒绝接受那些消极、负面的评价。在星座分析中，我们往往很难看到对某个星座消极、负面的评价，这恰恰也符合我们对评价的偏好，所以我们从心理层面更愿意接受星座分析给出的结论。

总之，星座分析之所以让人觉得准确无比，并不是因为它的分析有多神奇，而是因为它满足了我们的某些心理需求，我们心理上更愿意相信和接受而已。

## 愿望说出来就实现不了了？

过生日的时候，我们常常会许下自己的心愿；流星划过天空的时候，我们也会默默许下愿望。而且，在许愿的时候，一定不能把愿望说出来，因为人们常说："愿望说出来，就不灵了，实现不了了。"

为什么会有这种说法？这是真的吗？

心理学家彼得·格威特曾做过一个实验。

他邀请一些参试者写下自己的愿望，然后将他们分成两组。第一组参试者要将自己的愿望宣布出来，让所有人都知道；第二组参试者则只要将愿望默默放在心底，自己努力实现就好。

结果，第一组参试者在平均33分钟之后就放弃了努力，第二组参试者则一步一步地努力去实现自己的愿望。

这个实验结果从某种程度上说明，一旦把愿望说出来，人们往往很难去实现。

之所以出现这种情况，是因为我们将愿望说出来之后，身边的人往往会给予我们鼓励和赞美，这些鼓励和赞美让我们得到了心理上的满足感，以至于丧失了一部分前进的动力，所以行动力也受到了一定的影响。

从心理层面来说，有些愿望确实不说为好，这样才能避免因受外部因素的影响而使心理发生变化，以至于最终放弃努力。

## 有些人为什么一看书就犯困？

相信很多人的身边都有一个甚至更多一看书就犯困的朋友。

对于看书爱犯困的人来说，书就像是催眠剂一样，即便本来很清醒，可是只要拿起书，看不了几页，人就变得昏昏欲睡了。如果把书放下，去做别的事情，人又会变得精神抖擞。

这究竟是怎么回事呢？从心理学的角度分析，这种现象其实是一种条件反射。

最初，看书和睡觉本没有什么关系，可是由于反复的刺激，它们产生了联系，以至于只要拿起书，人就会觉得很想睡觉。

比较常见的情况是，一个人本来很喜欢看书，即便在非常疲劳的情况下，依然想要看书，这时，兴趣和疲劳之间难免发生一些“斗争”：兴趣希望坚持把书读完，疲劳却希望把书放下睡觉。在两者的持续拉锯中，看书和睡觉之间逐渐产生了联系，而且这种联系会随着“斗争”次数的增加而不断得以强化。最终，这个人就会形成一看书就犯困的条件反射。

是不是觉得不可思议？一个本来很喜欢看书的人，最终因为自己的坚持而变成了无法看书的人。当然，还有另外一种情况，那就是有些人本来就不喜欢看书，对看书十分反感，所以形成了抑制性的条件反射。

无论出于何种原因，我们都能发现，心理会对我们产生潜移默化的影响，不能忽视心理机制的建设。

## 为什么妈妈总是别人家的好？

就像很多妈妈心中都有一个“别人家的孩子”一样，很多孩子心中也都有一个“别人家的妈妈”。

调查结果显示，大部分人都会觉得自己的妈妈与理想中的妈妈有着很大的差距。所以，很多人都对自己的妈妈感觉不满，很想和别人交换一下妈妈。可是，一旦真的换了妈妈，他们又会觉得自己的妈妈好。

这种心理状态十分普遍且正常，出现的主要原因有以下几个。

第一，孩子总会渴望被妈妈认可，当这种心理需求无法得到满足时，就会对妈妈产生防御心理。

第二，孩子对自己的妈妈总会有更高的期望，希望自己的妈妈是最棒的。

第三，孩子对别人的妈妈会做出相对客观的评价，而对自己的妈妈做出的主观评价更多一些。

第四，孩子看到自己的缺点，总会认为都是父母遗传或教育的错。

## 任性真的是一种病？

很多人的身边，都会有几个任性的人。他们总是随着自己的性子，想做什么就做什么，想说什么就说什么，完全不顾及别人的感受。遇到这样的人，人们总会觉得非常无奈甚至痛苦，有些人甚至会将任性和自私画等号。

可是，人们也许对任性的人产生了误会。

研究发现，人脑底部有一个被称作“杏仁核”的神经器官，它对人的情绪能起到调节作用。这个器官对惊险、刺激的体验会产生很高的兴奋度。

在人的大脑中，还有一个被称作“前额叶皮质”的神经组织区域，它的主要作用是抑制非理性的和不适当的行为。研究表明，一个人的前额叶皮质的容量越大，他的自省能力和自我控制能力就越强。

研究发现，杏仁核发育成熟而前额叶皮质仍在发育的阶段，与青少年的叛逆期基本重合。由此可见，孩子“逆反”很可能是因为大脑发育还不成熟，而不是因为心理上的刻意作对。

## 习惯付出的人更快乐？

很多人都听过这样一句话：“给予比接受更让人快乐。”初次听到这句话，人们会觉得这是一种无私奉献精神的表达，说明一个人拥有高尚的品格。可是，如果从心理学的角度来说，这句话其实并不是“心灵鸡汤”，而是有其合理性的。

通常来说，具有高度同理心的人往往更倾向于付出，因为这类人更能站在别人的角度上去考虑问题，会给予别人更多的关怀和帮助。这不只是一种高尚的品格，还能让人保持积极的情绪，获得成就感和掌控感，而这会使得血清素浓度上升，从而减轻忧郁和疲倦的感觉。

一些社会心理学家认为，习惯于付出的人，会将注意力更多地放在别人身上，从而降低对自己的关注程度。这样一来，他们就不会不断放大自己的某些负面情绪，如焦虑、忧郁等。受负面情绪的影响越少，他们自然就会感觉越快乐。

## "心理医生"根本就不存在？

在很多影视剧中，我们都能看到心理医生的身影。当某个人遇到心理问题的时候，心理医生总能帮他解开心结并开始新的生活。

可是，在心理学界，"心理医生"这个概念并不准确。也就是说，在实际生活中，"心理医生"这个名称其实本不该存在。

众所周知，当遇到心理或精神困扰时，我们应该寻求专业人士的帮助。这些专业人士通常可以分为两类：一类是精神科医生，另一类是临床心理学家。

精神科医生自然是医生的一种，他们学的是医学专业，与我们熟悉的外科医生、牙科医生一样，都是具有专业知识的专科医生。

临床心理学家则不是医生，他们学的是心理学，与医学并没有关系。需要获得临床心理学硕士以上学位，才有资格成为临床心理学家。

由此不难看出，我们平时所说的"心理医生"，其实应该是精神科医生和临床心理学家的结合体。

## 能不能不做白日梦？

对一些喜欢空想的人，我们总会说："别做白日梦了！"意思是希望他们不要沉迷在白日梦里，只会空想却没有行动。

那么，白日梦是怎么来的呢？是想不做就能不做的吗？

白日梦其实是意识的自发漂移状态，表现在人的头脑中，通常就是漫无边际的遐想。一般来说，每隔一个半小时，白日梦就会在人的脑海中浮现一次。如果某个人做白日梦的频率很高，那么在他清醒的时间段里，最多会有二分之一的时间在做白日梦。

白日梦出现的频率与多种因素有关，如工作内容、情绪状态、年龄、疲劳程度、是否饮酒等。

适当地做一些白日梦，会对人的思维、创意有激发作用；但一旦白日梦做得过多，那就是在逃避现实生活。

## 诚实的人从不说谎？

在童话故事中，撒谎的人鼻子会变长。如果真是这样，那么这个世界上的大多数人，鼻子都会变长的。

父母总是告诉孩子，要做一个诚实的人，诚实的人从来不撒谎。诚实值得肯定，但是诚实的人就一定不会说谎吗？

答案当然是否定的！

根据有关统计，一个人被欺骗的次数平均一天有 10 次，而且很多人是在不知不觉间就遭到了欺骗。当然，这里所说的欺骗，不仅仅指恶意的，也包括善意的。

这样说来，诚实的人也会撒谎就不足为奇了。因为即便是一个非常诚实的人，也会在某些时候，为了某个善意的目的，而对别人说一些违心的话。

还有研究表明，一般情况下，男人说谎大多是为了自夸，女人说谎则多是为了取悦别人。无论出于何种原因，我们都有可能一不小心就掉进谎言的陷阱里。

## 为什么有那么多人热衷于自拍？

随着智能手机和各种社交软件的普及，越来越多的人热衷于记录自己的生活并分享给社交圈中的人。其中，热衷于自拍的人占据了相当大的比例。

那么，为什么有这么多人喜欢自拍呢？

从心理学的角度来说，热衷于自拍的原因有几个。

第一，自拍是一种自我欣赏的需要。一般来说，无论别人是不是欣赏我们，我们总是会时不时欣赏一下自己的。

第二，自拍让我们有掌控一切的感觉。自拍的时候，无论是灯光还是角度，无论是表情还是动作，都是自己说了算，想怎么拍就怎么拍的感觉令人兴奋。

第三，自拍让我们产生满足感和成就感。自拍是一种自导自演的行为，拍照的过程就是自我创作的过程，这会让我们产生满足感和成就感。

可以说，自拍不仅是一种表达自我的方式，也是一个满足心理需求的过程。但是，过分热衷的话，也可能给人带来心理上的阴影，使人无法自拔。

## 有些汽车司机为什么会有“路怒症”？

经常开车的人，难免会在路上遇到有“路怒症”的人。甚至有些经常谴责“路怒症”的司机，也会在某些时候犯“路怒症”。

一个本来性情温和的人，一旦开车上路，就有可能变成一个脾气暴躁的“路怒症”患者，这是为什么呢？

实际上，每个人都会给自己划定属于自己的地盘。这种地盘虽然不会以实物的形式体现出来，但是在心理层面上，这种意识始终是存在的。之所以如此，是因为我们有自我保护的意识，只有在自己的地盘上，我们才感觉安全。如果有人擅自闯入我们的地盘，我们就会觉得愤怒，想要反击。

在不开车的情况下，我们划定的地盘只在身体周围的极小范围内；一旦坐上汽车，包括汽车及汽车延伸的范围，都会被我们视作自己的地盘。由于地盘面积变大，所以被人侵入地盘的可能性也随之上升，我们的警惕性会提高，敌对情绪也会随之增加，以至于当有人可能对我们的地盘产生威胁时，我们就会爆发出更加猛烈的对抗情绪。

## 公交车很久不来，是死等还是另想他法？

上下班或者出门游玩的时候，很多朋友都有这样的经历：等了很久公交车都不来，无奈只好选择步行，可是刚刚走出不远，公交车就从自己身边驶过……

每到这种时候，我们总是觉得很后悔：早知道就再等一会儿了。可是，再等一会儿，公交车就一定会来吗？

这种矛盾的心理，很多人都会有。等公交车的时候，总觉得公交车应该很快就来，而且等得越久，就越觉得公交车应该马上就到。可是等待一段时间之后，这种期待的心理就会发生改变，开始后悔自己之前的等待浪费了太多时间。于是，在期待和后悔交织的情绪中，我们继续忍受煎熬。

那么当公交车久等不来的时候，我们究竟应该怎么办呢？

研究者使用数学模型对此进行了检验。结果显示，只有在公交车发车时间超过 1 个小时，且目的地在 1 千米以内的情况下，步行才是更好的选择。

可见，在大多数情况下，等待是更好的选择。当然，你也可以选择打车。

## 为什么总做考试的噩梦？

上学的时候，一听到“考试”这两个字，很多人就觉得头皮发麻，浑身紧张。甚至很多人会在晚上的时候做考试的噩梦，总担心考试成绩不理想。

本以为离开学校、参加工作之后，就不会再为考试的噩梦而苦恼了，可是呢，在工作多年之后，人们依然会时不时地被考试的噩梦惊醒。这究竟是为什么呢？

很多心理学家都对这种现象进行过研究，尽管见解不同，但他们都将它视作一种普遍的梦境。

现代心理学研究发现，人之所以会做考试的噩梦，其实与人的自责心理有关。一般来说，当一个人因为自己的失误而不幸失败时，常常会产生很强烈的内疚感。

这种情绪常常出现在上学阶段，但在之后的生活中，一旦遇到与考试之前近似的场景时，人们的心理上就会产生共鸣。此时，上学时的那种情绪就会重新出现，以至于触发之前的那些记忆，让考试的噩梦重新出现在脑海中。

PART 15

# 影音俱乐部，娱乐细胞“嗨”起来

## 海尔兄弟为什么只穿内裤？

海尔兄弟是很多“80 后”“90 后”都很熟悉的卡通人物，至今仍对一代人产生着影响。

海尔兄弟是海尔品牌的卡通形象，为什么创作者在创作与之相关的动画片时，让兄弟两人只穿着内裤呢？

首先，从动画片中角色的定位就可以看出，海尔兄弟并非一般的人类，他们是智慧老人创造出来的。他们勇敢坚强、聪慧过人，与一般人有所不同，所以不能用真正人类的标准去要求他们。

其次，海尔兄弟年龄尚小，还是可爱的孩子，只穿内裤的形象更加符合他们的身份。而且，显露在外的肉嘟嘟的样子，让他们看起来更加可爱，更容易被观众接受和欢迎。

综上所述，海尔兄弟只穿内裤不仅没有什么不妥之处，反而让人物形象更加真实、鲜活。

## 超人为什么把内裤穿在外面？

超人这一经典荧幕形象，给人留下最深印象的，大概就是总是“内裤外穿”了。

很多人也许想不明白：明明是个英雄人物，为什么要弄得像穿着尿不湿一样呢？

实际上，这与超人诞生的年代有着紧密的联系。

超人这个形象设计于美国经济大萧条后，经济危机仍未过去，为了节约印刷成本，超人漫画能够使用的颜色十分有限。

如果只是让超人穿着蓝色的紧身衣，人们可能会觉得蓝色就是他本身的颜色，他并没有穿其他的衣服。于是，设计者选择让他把红色的内裤穿在了外面。这样做的目的主要是让读者明白，超人穿着衣服呢。

而且，“内裤外穿”也凸显了超人的男性特征，能让人感受到他身上散发出的男子汉气概。

## 肥皂剧是什么？

对于肥皂剧的接受程度，每个人都不同。有些人疯狂追剧，有些人则不太喜欢。

其实，肥皂剧就是指以家庭问题为主线的连续剧，主要能满足家庭主妇的需求。

或许有人会说，肥皂剧这个名字很有意思。电视剧和肥皂扯上了什么关系？是因为家庭主妇做家务比较多，用肥皂比较多吗？

能想到这种联系，思维真是灵活。可惜这个答案并不对。

之所以叫肥皂剧，主要是因为美国当时在播放一部长篇电视连续剧时，总要插播赞助商的肥皂广告，所以这种剧才被人称作“肥皂剧”。

## 米老鼠是一只什么鼠？

说到这个世界上最著名的老鼠，很多人都会觉得非米老鼠莫属吧！米老鼠那可爱的形象，让很多人心生欢喜，对它十分喜爱。

米老鼠的形象，是凭空想象出来的吗？并不是！米老鼠是有原型的。

据说，在华特·迪士尼尚未成名的时候，他白天出去工作，晚上则在家里专注于进行动画创作。他当时住的房子非常破旧，甚至还有老鼠光顾。一天，他在老鼠洞里发现了一只鼷鼠。他并没有觉得这只鼷鼠很讨厌，反而觉得它很可爱。于是，他灵机一动，很快就设计出了米老鼠的形象。

按照这个说法，米老鼠的原型是一只十分常见的鼷鼠。

## “乐圣”是谁？

中国古代有“诗圣”，世界上也有“乐圣”。显然，“乐圣”是在音乐领域有大成就的人，那么他是谁呢？

按照音乐界的说法，德国著名音乐家贝多芬对世界音乐的发展起到了举足轻重的作用，所以被人们尊称为“乐圣”。

贝多芬一生作品众多，比较重要的有 9 部交响曲、32 首钢琴奏鸣曲、10 首小提琴奏鸣曲、16 首弦乐四重奏等，其中尤以交响曲最为著名。

贝多芬在晚年时丧失了听力，但他依然与命运顽强抗争，创作出许多脍炙人口的作品。

## 为什么大部分歌曲的时长都是 3~5 分钟？

喜欢听歌的朋友们应该都注意到了，大部分歌曲的时长都是

3～5分钟。

尽管也有一些“串烧”的歌曲时长较长，可是那样的歌曲非常少见。

那么，为什么歌曲的时长要控制在3～5分钟呢？说起来，这和大家比较熟悉的圆盘唱片有直接关系。

唱片诞生之初，其实是圆柱形的，后来才逐渐变成圆盘。

由于技术的原因，这种圆盘唱片只能记录大约3分钟时长的歌曲。这种情况虽然随着技术的进步已经发生改变，但是即便歌曲的时长增加，也就增加到5分钟左右而已。

为什么技术难题解决了，歌曲的时长仍要受限制呢？

第一，早期唱片的时长限制对歌曲的创作产生了影响，人们已经习惯了听时长3分钟左右的歌曲。

第二，广播电台作为传播歌曲的主要渠道之一，常常要在播放过程中插播广告，而在两段时长3分钟左右的歌曲中插播广告，效果是最好的。

第三，歌曲的特殊结构及节拍方面的要求，使得歌曲的总时长最好保持在3～5分钟。

可见，歌曲的时长是受多种因素影响的，在综合考虑各种情况之后，3～5分钟的时长就成为必然的选择。

## 音乐可以促进消化？

如今，已经有越来越多的人习惯于在餐厅吃饭。细心的人会发现一个现象，那就是很多餐厅都会播放音乐，而且播放的音乐多是轻音乐和慢节奏的音乐，听起来让人感觉身心愉悦。

实际上，餐厅播放音乐并不仅仅是为了给就餐者听觉上的享受，还为了增强就餐者的消化功能，让就餐者多吃一些。

其中的奥秘，相关人士已经给出了解答：就餐时听优美的轻音乐，可以增强大脑神经的兴奋度，刺激消化腺分泌更多的消化液，消化道的蠕动因此增强，进而促进肠胃的血液循环，有助于更加充分地消化食物和吸收营养物质；而听慢节奏的音乐，就餐者会下意识地细嚼慢咽，这会对肠胃产生按摩作用，从而增强肠胃的消化功能。

可见，轻音乐和慢节奏的音乐，都能在一定程度上增强就餐者的消化功能。为了让顾客吃得更多、更惬意，很多餐厅都会选择播放这类背景音乐。

## 爆米花是看电影的“标配”？

如今，看电影的时候买一桶爆米花，似乎已成为一种不成文的规定。但是，在电影出现之初，电影院里是禁止吃爆米花的。因为这种行为不仅会影响其他观众，也有可能把电影院的卫生环境搞得一团糟。这种情况直到美国经济大萧条时期才有所改变。

当时，美国经济下滑，电影院的运营举步维艰。为了维持生计，一些小型电影院开始售卖一些零食。爆米花价格便宜，美味可口，很快就获得了观众的认可。

看到爆米花有利可图，电影院便把大厅租给小贩，让他们售卖爆米花。后来，看到爆米花的生意越来越好，电影院便直接安装了爆米花售卖机，以此营利。

随着时间的推移，爆米花售卖机逐渐成为美国各家电影院的“标配”。在美国电影院文化传播到其他国家的过程中，看电影吃爆米花的习惯也一并传播开来。

## “纯属虚构”的声明从何而来？

在电影及电视剧的开头或结尾，我们常常可以看到“本故事纯属虚构，如有雷同，纯属巧合”这样的字幕。为什么要打上“纯属虚构”这样的声明呢？

美国是一个非常重视法治的国家，在那里，稍微不留神，就可能违反法规。为了避免惹祸上身，早期的好莱坞电影通常会在电影结束时打上“本剧纯属虚构”的字幕。

后来，世界各国纷纷借鉴这一做法，中国自然也跟着这样做了。

## 唐僧真的是“御弟”吗？

在《西游记》里，唐僧与唐太宗李世民结拜为兄弟，并被唐太宗称作“御弟”。

此后，唐僧就有了新的称号，在到女儿国的时候，甚至有了“御弟哥哥”这样一个看似矛盾的称呼。这段故事虽然有趣，却是虚构出来的。

不过，作为唐僧原型的玄奘法师，却是一个真正的“御弟”。只不过，与他结拜的并非唐太宗，而是当时西域高昌国的国王曲文泰。

据说，玄奘途经高昌国时，曲文泰非常欣赏他，希望他能留下来做高昌国的国师。

可是玄奘一心想要取经，便拒绝了曲文泰。曲文泰无可奈何，只好放弃了。

在玄奘离开高昌国之前，曲文泰与他结拜为兄弟，并为他准备了大量的物资。

此外，曲文泰还给沿途各国写下了数封书信，以帮助玄奘顺利通关。

## 《生日快乐歌》是一首山寨歌？

每当有人过生日的时候，唱《生日快乐歌》总是生日宴会的重要组成部分。

无论是中文版的还是英文版的，这首歌总能给过生日的人带去美好的祝福。

可是，这首大家耳熟能详的歌曲，竟然是一首山寨歌。因为这首歌最早的歌词中，并没有与生日相关的内容。

《生日快乐歌》的原曲在19世纪90年代就已经有了，歌名是*Good Morning to All*，意思是“大家早上好”。

后来，有人在这首歌的后面加上了一段新的歌词，这就是大家都很熟悉的“Happy Birthday to You”（祝你生日快乐）。没想到，这首歌竟然如此受欢迎，风靡一个多世纪了。

## 世界公认的喜剧大师是谁？

提起喜剧大师，很多人头脑中都会浮现出卓别林那幽默的形象。没错，他就是世界公认的喜剧大师。

卓别林是世界著名的喜剧演员，奠定了现代喜剧电影的基础。尽管那时的电影还没有声音，可是卓别林用他滑稽的肢体语言就已经将观众们逗得哈哈大笑了。

卓别林出生于英国伦敦，小时候居无定所，曾到游艺场打杂，后来做过各种工作。

后来，他被导演看中，开始了自己的电影生涯。卓别林拍了很多脍炙人口的影片，比较著名的有《淘金记》《城市之光》《摩登时代》《大独裁者》等。

在无声电影的时代，卓别林尽情展现了自己的喜剧才华。

直到今天，许多喜剧演员依然将他视作偶像和追逐的目标。卓别林对喜剧的贡献已经跨越了数个年代，他不仅是喜剧从业者，更是喜剧的代名词。

## 视频播放器常用三角符号表示播放，这是为什么？

看视频的时候，我们会发现，视频播放器通常都是用三角符号表示播放的。这是为什么呢？

对于没有见过录音机、随身听之类的磁带播放器的人来说，这个三角符号或许很陌生；但是对于用过磁带播放器的人来说，现在视频播放器上用到的这些符号，如播放符号、快进符号、暂停符号等，是非常熟悉的，因为这些符号其实就是从传统的磁带播放器上移用过来的。

用磁带播放音乐时，磁带要从左到右经过磁头，从一个转轮转移到另一个转轮上。这个向右的三角符号，其实是简化了的指示箭头，表明了磁带的转动方向。

在视频播放器研发之时，人们就沿用了磁带播放器上的符号，这样可以减少使用者的适应时间，也节约了研发者的时间。

## 为什么在印度电影中，歌舞占据很大比例？

对印度电影有所了解的人都知道，印度电影的最大特点就是时长都很长，而且歌舞在其中占据很大的比例。这也是印度电影与其他各国电影区别最显著的一点。

为什么印度电影里要加入那么多的歌舞，占据很长的时长呢？

原来，印度的很多地区都非常炎热，观众们希望能在电影院里多待一段时间，多体会一下清凉的感受。

尤其对于那些生活贫困的人来说，如果能在电影院里享受几个小时的闲暇时光，那是非常惬意的。

早期的电影制作方为了满足观众的需求，只好想方设法地延长电影的时长。经过权衡之后，他们选择在电影里加入大量的歌舞情节。之所以这样做，是因为这样一来，电影成本不会增加太多，而且能给观众带来视听享受。

日积月累，这样的制作风格就固定了下来。直到今天，很多印度电影中还是有很多的歌舞。

PART 16

# 暖心可爱的猫狗小玩伴

## 狗摇尾巴是在讨好人？

很多人看到小狗摇尾巴的时候，就认为小狗是在讨好或者撒娇，觉得这样的小狗不具危险性。可是，这种看法并不准确。小狗摇尾巴，并不一定表示友好；有的时候，这也是一种危险的信号。

小狗摇尾巴的时候让人觉得很可爱，这一点儿都不假。但是，它们摇尾巴的方式并不一样。不一样的方式代表着不同的含义，这需要我们多加注意。

通常来说，假如小狗的尾巴摇得比它腰的位置还低，说明它们很高兴，可以接近；假如小狗的尾巴摇得比它腰的位置高一些，说明它们有些兴奋，很可能会在人接近的时候咬人一口。

所以说，当看到小狗摇尾巴的时候，不要简单地认为它们就是在讨好，否则，你很有可能为自己的误判付出代价。

## 狗能分辨红绿灯吗？

我们生活的世界多姿多彩，颜色丰富。可是对一些色盲患者来说，这个世界却没有那么多色彩。

而对狗狗来说，这个世界的颜色更是单调，因为它们不能分辨出红、绿等高彩度色彩。

狗狗如果真的无法分辨红色和绿色的话，那么它们应该分辨不出红绿灯的颜色，也就无法判断出是该走还是该停。可是，导盲犬不仅能给主人带路，在遇到红绿灯的时候还能准确地分辨出红绿灯的颜色，帮助主人安全地穿过马路。

它是根据旁边人的行为做出判断的吗？

当然不是了。导盲犬尽管看不出颜色，但是可以看出明暗。由于红灯和绿灯的波长不同，所以明暗度上就有一定的差别。导盲犬就是根据这种差别来分辨红绿灯的。

## 三色猫一定是母猫？

很多人会有这样一种认知：身上有三种颜色的猫一定是母猫。

当然，这种认知有一定的前提。因为所谓的三色，通常是指黑、红（橘）、白，而白色算是猫的本色，所以可以忽略。也就是说，红黑两色的猫几乎都是母猫。

一般来说，根据经验得到的知识，人们往往很难说清其中的道理。可是关于猫的这个认知是真实的，而且有实实在在的科学道理。

之所以出现这种情况，是因为猫的遗传规律。猫的表皮毛色基因只存在于性染色体 X 上，而且一个 X 染色体只能携带一种颜色的基因。也就是说，当猫的颜色为红黑两色时，它的性染色体一定是 XX。根据生物学知识，我们可以知道，具有这样的性染色体的一定是母猫。

当然，猫的身上也可能发生基因突变。因基因突变而出现红黑两色的公猫，也不是没有可能。只不过，这种猫一般没有生育能力。

## 狗和猫为什么见面就斗？

喜欢养宠物的朋友都知道，狗和猫通常很难和平相处，它们碰到一起的时候，总会发生一些争斗。

狗和猫之间究竟有怎样的矛盾，才会如此势不两立呢？

动物学家经过长期的观察和研究，发现狗和猫之所以结怨，主要是因为它们在生活习惯和情感表达方面有着极大的不同。

猫发出呼噜噜的声音时，说明它们心情愉悦；可是对狗来说，这种声音意味着威胁恐吓。狗有时会用摇尾巴来表达愉快的心情；可是对猫来说，这种行为意味着讨厌和愤怒。

也就是说，猫和狗向对方表示友好的方式，恰恰是让对方感觉非常厌恶的方式。在这样的对立状态下，两者之间难免就会产生争斗。

当然，还有一个与进化论有关的原因：猫和狗的祖先都是早期食肉动物，两者体型相近，猎物的种类相似，所以常常因为争抢食物而发生激烈争斗。经过漫长的进化之后，两个物种分别进化成为猫科和犬科动物。尽管如今不需要再为食物而争斗，可是它们间的敌意依然存在。

## 猫为什么要吃老鼠？

《猫和老鼠》这部动画片是许多人童年记忆的重要组成部分，给许多人带来了欢乐。

猫执着地追逐老鼠的过程，不仅给观众带来了极大的乐趣，也让人们不由得疑惑猫为什么那么爱吃老鼠。

在中国的传说中，猫对老鼠的仇恨源于争做十二生肖。

据传，猫和老鼠本来是关系很好的朋友。听闻轩辕黄帝召集十二生肖的消息之后，猫对老鼠说让它在集会当天早点叫自己起床。老鼠满口答应，最后却自己一个人跑去参加。结果，老鼠排在了十二生肖的第一位，猫却失去了成为十二生肖之一的机会。就这样，猫开始对老鼠充满仇恨，每次见到老鼠，猫都想要了它的命。

当然，这只是传说，真正的原因，是老鼠体内有猫所需的营养元素。

仔细观察过猫的人都知道：在漆黑的夜里，猫的眼睛依然是亮闪闪的。这有利于它们在夜间行动，抓捕老鼠。那么，猫的眼睛为什么会这么明亮？

科学研究表明，让猫的眼睛如此闪亮的，是牛磺酸。它不仅能让猫的眼睛闪亮动人，还可以有效提高哺乳动物的夜间视觉能力。

有了牛磺酸的作用，猫的眼睛一下子变得明亮起来，捉老鼠的时候事半功倍。

可是，猫自身并没有办法合成牛磺酸，想要补充牛磺酸，它只能从外界想办法。而老鼠体内恰恰含有牛磺酸。为了获取足够的牛磺酸，猫便不断地捕捉和吃掉老鼠。

可见，猫吃老鼠并不是因为仇恨老鼠，而是出于自身生存的需求。

另外，科学家经过研究发现，鱼的体内也含有大量的牛磺酸。猫喜欢吃鱼的原因也终于有了解答。

## 猫的胡须不能剪？

家里养的小猫咪，通常都有几根长长的胡须。很多时候，我们都能看到小猫捋着自己的胡须，十分可爱。

可是，猫的胡须并不只是好看，还有很多的功能。对猫来说，胡须是它们的探测器和计量仪，把胡须剪掉的话，会对它们的生活产生很大的影响。

猫的胡须可以用来探测道路的宽窄，以便于它们自由、安全地活动。有的人认为，猫可以借助胡须来感知外界环境的细微变化，这可以让它们对事物有更加准确的判断。另外，在捕捉老鼠的过程中，胡须也会发挥巨大的作用。

可见，对猫来说，胡须是非常重要的工具。如果没有了胡须，猫也许就只能安静地躺在角落里，哪里都去不了了。

## 猫为什么不喜欢甜食？

形容一个人很馋的时候，我们往往会说他是“馋猫”。可见，猫是一种很馋的动物。照理说，馋猫应该什么都爱吃，可是，猫却对甜食没有很大的兴趣。这是为什么呢？

实际上，猫并不是不喜欢甜食，而是尝不出甜味。

科学家曾经研究过猫科动物的基因，结果发现，猫科动物的基因中缺少了能够品尝甜味的特定基因。这就意味着，无论猫吃多少甜食，它们都不知道自己吃的是甜食。由于尝不出甜味，猫吃甜食的时候难免觉得寡淡无味，因此它们不喜欢甜食也是可以理解的。

可见，猫不喜欢甜食，并不是因为它们自身不喜欢，而是因为它们存在基因缺陷。猫根本就不知道甜是什么滋味，其实也挺可怜的。